ERSTE SCHRITTE INS
INTERNATIONALE MANAGEMENT

AF237387

Thomas Rinn (Jahrgang 1961) ist seit mehr als 30 Jahren für die BMW Group in den Bereichen Vertrieb/Marketing und Finanzen/Verwaltung tätig. Dabei hat er verschiedene Leitungsfunktionen in den Vertriebsgesellschaften BMW Japan (Leitung des Controllings, 1996–1998) und BMW Group France (Kaufmännischer Leiter und Mitglied der Geschäftsführung, 2003–2005) sowie in der Konzernzentrale in München wahrgenommen (u. a. Leitung der Hauptabteilung »Weltweite Vertriebsplanung und -steuerung«, 2006–2013). Seit 2013 ist er Leiter des regionalen Vertriebsbüros »Importeurs-Region Osteuropa und Afrika« (München) und steuert das Automobilgeschäft mit Handelspartnern in volatilen Märkten wie der Türkei, Ukraine, Ägypten und Israel.

Er ist verheiratet und Vater von zwei erwachsenen Kindern. Seine Promotion zum Dr. rer. pol. erfolgte 1991 an der Justus-Liebig-Universität Gießen mit einer Dissertation zum Thema Vertriebs-Controlling.

THOMAS RINN

ERSTE SCHRITTE INS INTERNATIONALE MANAGEMENT

Einblicke und Anregungen aus der Praxis

Bibliografische Information der Deutschen Nationalbibliothek:
Die Deutsche Nationalbibliothek verzeichnet diese Publikation
in der Deutschen Nationalbibliografie. Detaillierte bibliografische
Daten sind im Internet über http://dnb.dnb.de abrufbar.

© 2018 Thomas Rinn
Satz und Umschlaggestaltung: Buch&media GmbH, München
Herstellung und Verlag: BoD – Books on Demand
ISBN: 978-3-7528-8427-2
Printed in Germany

INHALT

VORWORT

Hebt man den Blick,
so sieht man keine Grenzen.
(Altes japanisches Sprichwort)

Studierende und junge Berufsanfänger als interessierte Leser zu gewinnen und auf ihre Karriere im internationalen Management vorzubereiten, ist das Ziel dieser Ausarbeitung.

Regelmäßig werde ich insbesondere von jüngeren MitarbeiterInnen und PraktikantInnen angesprochen, welche Aspekte des internationalen Managements den Unterschied zu »normalen« Funktionen im Unternehmen ausmachen. Worin liegen denn der Anreiz und die außergewöhnlichen Herausforderungen, sich für dieses weitläufige Aufgabengebiet über einen längeren Zeitraum zu begeistern? Die Gedanken und Antworten dazu habe ich aus vielen Gesprächen in diesem kompakten Buch zusammengefasst. Ich möchte den Leser auf eine »Tagesreise« zu den Grundzügen des internationalen Managements einladen und ihm einige faszinierende berufliche Möglichkeiten aufzeigen – illustriert anhand persönlicher Erlebnisse und Erfahrungen. Damit hoffe ich, einen Beitrag zu leisten, zukünftige Fach- und Führungskräfte zur aktiven Übernahme von anspruchsvollen und spannenden Funktionen im internationalen Management zu motivieren. Auf sie wird es schließlich ankommen, die Zukunft unserer Unternehmen im harten und komplexen internationalen Wettbewerb aktiv und erfolgreich zu gestalten.

Bei meinen Ausführungen greife ich auf einen reichhaltigen Erfahrungsschatz aus mehr als 30 Jahren im internationalen

Management eines Großunternehmens in der Automobilindustrie zurück. Die Schwerpunkte meiner Tätigkeiten liegen im Bereich Vertrieb/Marketing und Finanzen/Verwaltung – sowohl in der Konzernzentrale in München als auch in internationalen Vertriebsgesellschaften (Japan und Frankreich) und in einem regionalen Vertriebsbüro zur Steuerung von unabhängigen Handelspartnern/Importeuren (in Osteuropa, Zentralasien und Afrika).

Dementsprechend werden verschiedene Alternativen zur Bearbeitung weltweiter Absatzmärkte durch internationale Unternehmen skizziert. Einen Schwerpunkt bildet dabei die Diskussion interkultureller Herausforderungen für Fach- und Führungskräfte während ihres Auslandseinsatzes. Anregungen zur Marktbearbeitung durch Vertriebsgesellschaften, zur Gesprächsführung bei Verhandlungen mit interkulturellen Teams sowie ein Ausblick auf zukünftige Entwicklungen im internationalen und zunehmend digitalen Unternehmensumfeld runden die Ausführungen ab.

München, im Frühjahr 2018
Thomas Rinn

1 EINLEITUNG –
ZIEL DER AUSFÜHRUNGEN

Internationalisierung bzw. Globalisierung ist heute in aller Munde – ein sehr vielschichtiger Themenbereich, der alle Aspekte des Lebens betrifft. Tagtäglich sind wir davon betroffen: Medien, Warenströme, Sport, Freundeskreis – alles wird zunehmend internationaler. Wenn irgendwo auf der Welt etwas Interessantes passiert: Dank rasch zunehmender Digitalisierung und sozialer Netzwerke wissen wir es innerhalb weniger Minuten.

Handelsbarrieren entstehen und verschwinden, Markttrends, Veränderungen des Kundenverhaltens sowie technische Möglichkeiten bei Entwicklung, Produktion, Logistik und Marketing sorgen für rasante und sprunghafte Entwicklungen ebenso wie die digitalen Medien. Komplexität sowie Volatilität der Absatzmärkte nehmen fast tagtäglich zu.

Agiles, flexibles und vorausschauendes Handeln ist unabdingbare Voraussetzung für international erfolgreiche Unternehmen in diesem Umfeld. Grundlage dafür ist eine weltweit gültige Unternehmensstrategie, die gegebenenfalls den lokalen Anforderungen des Marktes sowie geänderten Markttrends situativ angepasst werden kann.

Fach- und Führungskräfte mit ausgeprägter Kompetenz im internationalen Management sind ein entscheidender Erfolgsfaktor für global tätige Unternehmen, um im weltweiten Wettbewerb auch zukünftig erfolgreich bestehen zu können. Beim Führen von interkulturellen Teams ist es von existenzieller Bedeutung, die Diversität der einzelnen Regionen zu erkennen, zu analysieren sowie damit konstruktiv und proaktiv umzugehen.

In den folgenden Ausführungen werden einige für angehende Fach- und Führungskräfte relevante Fragestellungen anhand konkreter Beispiele und persönlicher Erfahrungen erläutert. Wie plant und steuert man erfolgreich und nachhaltig die Geschäfte im Ausland? Wie agieren moderne Manager im internationalen Umfeld, insbesondere in Vertriebsgesellschaften vor Ort? Inwiefern beeinflussen interkulturelle Unterschiede in Amerika, Asien oder Europa unser wirtschaftliches Handeln? Wie kann man diese frühzeitig erkennen und im Einsatzland damit erfolgreich umgehen? Welche Möglichkeiten haben Fach- und Führungskräfte, sich darauf einzustellen und sich auf Herausforderungen und Aufgaben in einem internationalen Unternehmen vorzubereiten? Wie beeinflusst die aktuelle Phase der »digitalen Transformation« Vertrieb und Marketing der Zukunft in internationalen Unternehmen?

Im Mittelpunkt der Betrachtung steht also die Rolle zukünftiger internationaler Manager, denn letzten Endes sind es neben Marke und Produkten/Dienstleistungen immer in erster Linie die Menschen bzw. deren Handlungen, die ein Unternehmen im hart umkämpften weltweiten Wettbewerb nachhaltig erfolgreich machen.

Das vorliegende Buch verfolgt demzufolge nicht den Anspruch, einen auch nur annähernd vollständigen Überblick über das weite Gebiet des internationalen Managements bzw. zum aktuellen Stand der Wissenschaft zu geben. Vielmehr soll es den Leser motivieren, sich mit dem komplexen und spannenden Thema auseinanderzusetzen und erste Schritte in Richtung einer erfolgreichen internationalen Karriere zu gehen.

Zum Einstieg in die vertiefende Literatur sei daher an dieser Stelle auf zwei lesenswerte Standardwerke verwiesen, die in den nachfolgenden Ausführungen des Öfteren zitiert werden:

- »Internationales Management« von Kutschker/Schmid und
- »Lokales Denken, globales Handeln – Interkulturelle Zusammenarbeit und globales Management« von Hofstede

2 GRUNDSÄTZLICHES ZUR INTERNATIONALISIERUNG DER UNTERNEHMENSAKTIVITÄTEN

Wenn man sich mit dem Themengebiet »internationales Management« in der wissenschaftlichen Literatur beschäftigt, stellt man schnell fest, dass man dabei nicht auf die eine einzig allgemeingültige Definition zurückgreifen kann. Im Gegenteil, der Größe und Vielschichtigkeit des Themas angemessen stößt man auf eine Vielzahl von begrifflichen Abgrenzungen. Eine der am häufigsten zitierten Definitionen ist die von Kutschker/Schmid, die das *internationale Management* als eine Teildisziplin der Betriebswirtschaftslehre definiert, die sich der Führung einer internationalen Unternehmung aus gesamtunternehmerisch-integrativer Perspektive widmet.[1] Eine *internationale Unternehmung* wird dadurch gekennzeichnet, dass sie in substanziellem Umfang in Auslandsaktivitäten involviert ist und regelmäßig Transaktionen mit Wirtschaftssubjekten im Ausland abwickelt.[2] Bedeutend ist auch die Orientierung an den Unternehmenszielen. Eine Unternehmung gilt dann als international, wenn die Auslandsaktivitäten zur Erreichung und Sicherstellung der Unternehmensziele von wesentlicher Bedeutung sind.[3]

---

[1] Vgl. Kutschker/Schmid, S. 1445.
[2] Vgl. Kutschker/Schmid, S. 1445.
[3] Vgl. Perlitz, S. 10.

Frage ich meine internationalen Geschäftspartner nach den aus ihrer Sicht wichtigsten Aspekten des internationalen Managements, so bekomme ich fast immer die gleiche Antwort:

- Wir benötigen *Produkte* mit modernem Design und guter Qualität zu einem vernünftigen Preis
- eine vertrauensvolle, offene und motivierende *Zusammenarbeit* mit dem Mutterunternehmen (»real partnership means trust, openness, motivation«)
- und kompetente *Ansprechpartner* (fachlich und charakterlich), die schnelle und marktorientierte Entscheidungen treffen können.

Abhängig vom Grad der Internationalisierung, vom regionalen hin zum internationalen Unternehmen, lassen sich grundsätzlich folgende alternative *Markteintritts- und Marktbearbeitungsstrategien* unterscheiden:[4]

- *Export*: Absatz von Waren und Dienstleistungen in fremden Wirtschaftsgebieten
- *Lizenzierung*: vertragliche Vereinbarungen, mit denen der inländische Lizenzgeber einem ausländischen Lizenznehmer Schutzrechtslizenzen, z. B. Patente oder Warenzeichen, oder technische / kaufmännische Know-how-Lizenzen zur Verfügung stellt (Beispiel Coca-Cola)
- *Franchising*: Auf Basis eines Franchisevertrags überlässt der inländische Franchisegeber dem rechtlich selbstständigen ausländischen Franchisenehmer ein umfassendes Beschaffungs-, Absatz-, Organisations- und Managementkonzept (Beispiel McDonald's).

---

[4] Vgl. dazu Kutschker / Schmid, S. 848ff.

- *Vertragsfertigung*: Das inländische Unternehmen überlässt eine oder mehrere Stufen der Beschaffung und / oder Produktion einem ausländischen Unternehmen, z. B. Vorproduktion (Komponentenfertigung) oder Endproduktion (Montage).
- *Kooperative Formen* wie Joint Venture oder strategische Allianz: Zusammenarbeit zwischen mindestens zwei rechtlich selbstständigen Unternehmen zur gemeinsamen Marktbearbeitung mit dem vorrangigen Ziel, über Kooperationen Risiken zu mindern, Zugang zu Ressourcen zu erhalten und Erträge im Markt zu steigern
- *Minderheitsbeteiligung*: Ein inländisches Unternehmen erwirbt eine Minderheitsbeteiligung an einem Unternehmen im Ausland, z. B. mit dem Ziel, sich einen »Einstieg« bei einem ausländischen Unternehmen zu sichern und sich spätere Handlungsoptionen offen zu halten.
- *Tochtergesellschaften* (durch Neugründung oder als Akquisition): rechtlich unselbstständige Engagements in Form von eigenen Betriebsstätten oder Niederlassungen sowie Etablierung rechtlich selbstständiger Tochter- oder Vertriebsgesellschaften
- *Fusion*: Zusammenschluss von Unternehmen, die bisher rechtlich und wirtschaftlich selbstständig waren

Zur Entscheidungsfindung, welche Strategie für ein Unternehmen in einem ausgewählten Markt infrage kommt, ist daher zunächst eine fundierte Analyse der entscheidungsrelevanten *externen und internen Rahmenbedingungen* notwendig. Diese können sein:

- Aktuelle politische, rechtliche und wirtschaftliche *Situation des Landes* sowie deren prognostizierte Entwicklung: Sind politische Veränderungen zu erwarten (z. B. außenpolitische

Konflikte, Wahlen bzw. Regierungswechsel)? Prognostiziertes wirtschaftliches Wachstum inkl. wichtiger Faktoren wie Wechselkurs-, Zins-, Steuer- und Inflationsentwicklung.

- Prognostizierte *Entwicklung des relevanten Marktsegments*: Ist ein eher volatiles Marktumfeld oder ein stabiles, nachhaltiges Wachstum vorhersehbar? Sind steuer- oder zollrechtliche Entwicklungen erkennbar, die das Geschäftsmodell nachhaltig beeinflussen könnten? Wie verhalten sich die Wettbewerber?
- Wie stellt sich die *Situation potenzieller Partner* im Land dar? Gibt es überhaupt lokale Unternehmen, die als mögliche langfristige Partner infrage kommen (Wirtschaftskraft, Kompetenz im Marktsegment, Netzwerk, Reputation)?
- Welche Rolle spielt das untersuchte Land bzw. das geplante *Geschäftsvolumen im Gesamtkontext des Unternehmens (strategische Relevanz)*? Lohnt sich die Investition in Infrastruktur und Ressourcen? Ist der Business Case im Vergleich zu konkurrierenden Investitionsprojekten (bei begrenzten Ressourcen) und unter Abwägung aller Risiken/Chancen nachhaltig positiv?

Bei hohen Markt-, Investitions-, Währungs- und/oder regulatorischen Risiken sowie vergleichsweise geringer Marktgröße und überschaubaren nachhaltigen Wachstumschancen entscheidet man sich tendenziell eher für das *Exportmodell* oder *eine Partnerschaft mit einem »lizenzierten Importeur«*. Unter Umständen sind auch Modelle einer Vertragsfertigung bzw. Minderheitsbeteiligung sinnvoll (z. B. bei entsprechenden Einfuhrzoll- oder Steuervorteilen). Sogenannte Schwellenländer in Südamerika, Afrika oder Zentralasien könnten beispielsweise für solch ein Modell der Marktbearbeitung in Betracht kommen.

Argumente für die Gründung einer *konzerneigenen Tochtergesellschaft* oder *einer (Auslands-)Vertriebsgesellschaft* sind zu allererst ein politisch und wirtschaftlich stabiles Umfeld, eine gewisse Marktgröße (strategische Relevanz) sowie stabile und profitable Marktwachstumsaussichten über die nächsten Jahre.

Die *Vorteile einer Marktbearbeitung durch Vertriebsgesellschaften* liegen dann auf der Hand: direkter Zugriff auf den Markt mit direkter Potenzialausschöpfung und höheren Margen, da eine Handelsstufe wegfällt. Trotz der erforderlichen Initialinvestitionen sowie der laufenden Kosten im eingeschwungenen Zustand einer eigenen Vertriebsgesellschaft (Personal- und Sachkosten, Marketingaufwendungen) sollte sich unter der Annahme höherer Segmentausschöpfung und höherer Stück-Deckungsbeiträge ein positiver Business Case im langfristigen Betrachtungszeitraum ergeben.

Weitere qualitative Argumente für die Gründung einer eigenen Vertriebsgesellschaft können sein: Vereinheitlichung der Prozesse und IT-Systeme und damit einhergehend beispielsweise verbesserter Zugriff auf Markt- und Kundeninformationen im Sinne einer verbesserten kundenorientierten Marktbearbeitung und Kontrolle der Kundenschnittstellen (Vertriebsgesellschaft als lokale Informationsquelle) sowie weltweit stringenter Markenauftritt und verstärkter Einfluss auf die Handelsnetzentwicklung. Große und stabile Absatzmärkte wie USA/Kanada, Europa (EU), Asien (Japan, Korea) oder seit einigen Jahren auch China können in der Regel aktuell als Märkte mit eigenen Vertriebsgesellschaften in Betracht gezogen werden.

Während bei der Entscheidung in Richtung Export/Importeur die Möglichkeit offenbleibt, zu einem späteren Zeitpunkt, bei nachhaltig positiver Entwicklung des Marktes, ggf. doch noch in eine eigene Vertriebsgesellschaft zu investieren, sollte man sich im Falle einer Entscheidung für eine Vertriebsgesellschaft im Klaren darüber sein, dass es sich hierbei um eine strategische Richtungsentscheidung handelt, die sich nicht mehr so einfach »zurückdrehen« lässt (stark eingeschränkte Reversibilität). Imageverlust und arbeitsrechtliche Probleme können sich bei einem »Rückzug« aus dem Markt zu ernsthaften Problemen für das Unternehmen entwickeln.

3 ENTWICKLUNG DES INTERNATIONALEN MANAGEMENTS VON DEN 1970ER-JAHREN BIS HEUTE

3.1 EXPORT MIT AUSSENDIENST

Bis ca. in die 1970er gab es in vielen deutschen Unternehmen noch die klare und simple Unterscheidung in Inlands- und Exportgeschäft. Ein Großteil der geschäftlichen Aktivitäten wurde im Heimatmarkt getätigt. Hier wurde entwickelt, produziert, verwaltet und verkauft. Nur ein geringer Teil des Absatzes fand im benachbarten Ausland statt, vereinzelt exportierte man in die USA und hier und da schon nach Asien (meistens Japan). Der Inlandsmarkt war in jeglicher Hinsicht eindeutig führend bezüglich der Geschäftsentwicklung. Ausländische Geschäfts- oder Handelspartner vor Ort waren in der Regel Handelsunternehmen, Generalimporteure/-vertreter oder auch mal Endabnehmer wie z. B. Behörden / Institutionen.

Die für die internationalen Geschäftsbeziehungen zuständige »Exportabteilung« konnte bestenfalls die eine oder andere notwendige Produktadaption durchsetzen, um auch im Ausland mit der Vermarktung erfolgreich zu sein. Meistens handelte es sich hierbei um technische Anpassungen aufgrund steuerrechtlicher oder gesetzlicher Regelungen. Die Mitarbeiter dieser Abteilung, unter ihnen auch die ersten »Ausländer« im Unternehmen, bezeichnete man als Auslandsaußendienstler oder -delegierte. Sie galten zu dieser Zeit noch als wahre Exoten oder Abenteurer im Unternehmen. Die Dienstreisen ins weiter entfernte Ausland, beispielsweise nach Südamerika oder Südostasien, dauerten oft wochenlang mit nur eingeschränktem Kontakt zur Zentrale. Mobiltelefone, Computer etc. waren zu dieser Zeit noch gänzlich unbekannt, Faxgeräte das Nonplusultra der Kommunikation und Flugverbindungen auch lange nicht so gut vernetzt wie heute.

Ich erinnere mich noch sehr gut an die Zeit in 1970ern, als mich mein Vater von mehrwöchigen Geschäftsreisen aus Amerika über den »Operator« (Vermittlung) am Wochenende anrief und ich ihm die Fußball-Bundesliga-Ergebnisse übermitteln musste – in aller Kürze, da Überseegespräche extrem teuer waren und die Leitung jederzeit unterbrochen werden konnte. Es gab damals tatsächlich noch keine Möglichkeiten, selbst solch triviale Informationen zeitnah über andere Kommunikationskanäle fern der Heimat zu bekommen. Aus heutiger Sicht unvorstellbar – aber gerade einmal 40 Jahre her.

Der *Außendienstmitarbeiter oder -delegierte* war zu dieser Zeit also in der Tat jemand, der in gewisser Weise das Abenteuer schätzte. Sprach- und Produktkenntnis sowie der Wille für eine intensive Reisetätigkeit waren seine primären Qualifikationsmerkmale. Er war vor Ort in der Regel auf sich alleine gestellt, musste sowohl das Unternehmen repräsentieren als auch sämtliche Aspekte der Produkte, insbesondere die technischen Eigenheiten erklären können. Von ihm wurde erwartet, dass er einen ordentlichen Auftrag »an Land zog«, vielleicht noch das eine oder andere technische Problem direkt vor Ort löst und etwas »Beziehungspflege« mit dem ausländischen Handelspartner betrieb.

Wieder zu Hause in der Zentrale angekommen, wartete eine Menge Papierarbeit, um den Auftrag auch tatsächlich in die

Produktion und zentrale Verwaltung einzusteuern und bereits seine nächste Reise vorzubereiten.

Der Export von Waren und Dienstleistungen ins Ausland ist für international agierende Unternehmen also eine vergleichsweise kostengünstige und risikoarme Variante zum Markteintritt bzw. -bearbeitung. Sie ist darüber hinaus interessant, um erste Informationen auch über weiter entfernte Regionen zu erhalten. In einigen Ländern der Welt, abhängig von gewissen Faktoren, auf die ich im nächsten Kapitel zu sprechen komme, macht diese Form der Marktbearbeitung auch heute noch Sinn. Insbesondere dann, wenn sie durch Marktbetreuungsfunktionen des Unternehmens ergänzt wird (z. B. durch regionale Vertriebsbüros zur Steuerung von unabhängigen Importeuren).

3.2 INTENSIVIERUNG DES MARKTEINTRITTS UND MARKTBEARBEITUNG DURCH LIZENZIERTE MARKTPARTNER ÜBER REGIONALE VERTRIEBSBÜROS

Erste ernsthafte Ansätze eines integrierten internationalen Außenhandels wurden in den 1970er-/1980er-Jahren entwickelt. Amerikanische sowie japanische Unternehmen drängten zunehmend mit ihren Produkten auf die europäischen Märkte. Schon in den 1980ern konnte man Auswirkungen der Internationalisierung sowie erste Anzeichen eines beschleunigten Wandels in einigen Branchen erkennen: In der Kameraindustrie gewannen Kleinbild-Kompaktkameras aus Japan mehr und mehr Marktanteile in Deutschland und verdrängten über Preis- und Technikvorteile zunehmend lokale Anbieter. Die Zigarren- und Tabakbranche schrumpfte dramatisch innerhalb weniger Jahre, da sich das Gesundheitsbewusstsein der Bevölkerung stark veränderte und der Gesetzgeber mit Steueranhebungen für entsprechende Preissteigerungen im Markt sorgte.

Europa begann sich in Richtung der heutigen EU zu entwickeln. Grenzen öffneten sich, Zollbarrieren und andere Handelshemmnisse wurden schrittweise abgebaut. Unternehmen stellten sich dementsprechend ebenfalls internationaler auf und begannen Eintritts- und Bearbeitungsstrategien für große Auslandsmärkte zu erarbeiten.

Mit wachsendem Handelsvolumen wurden lokale Handelspartner mit Importlizenzen durch den Hersteller ausgestattet. Man hatte es in der Regel mit Unternehmern bzw. Investoren vor Ort zu tun, die auf eigenes Risiko in die erforderliche regionale Infrastruktur investierten (Handelsbetriebe, Mitarbeiter). Typische Funktionen der Marktbearbeitung wie Import, Vertrieb, Marketing, Handelsentwicklung, Training, Service und Verwaltung lagen in der Verantwortung des lizenzierten Importeurs. Ggf. konnte dieses Modell um eine notwendige Vertragsfertigung erweitert werden, wenn zollrechtliche oder sonstige gesetzliche Regelungen dies erforderten.

Die genannten Funktionen wurden und werden auch heute noch durch sogenannte *regionale Vertriebsbüros der Unternehmenszentrale* gesteuert. Diese übernehmen dabei eine Transferfunktion zwischen Zentrale und lokalem Handelspartner. Ein solches Modell ist für Märkte interessant, deren Handelsvolumen zu gering bzw. deren wirtschaftliche oder politische Situation zu komplex für die Gründung einer konzerneigenen Tochtergesellschaft ist.

Idealerweise sind sie in der jeweiligen Region angesiedelt.

Typische regionale Vertriebsbüros mit Drehscheibenfunktion sind beispielsweise Singapur für die südostasiatischen Märkte, Dubai für die Märkte des mittleren Ostens oder Panama für die Märkte Mittel- und Südamerikas.

Planung, Steuerung und Kontrolle der Unternehmensziele erfolgen genauso wie in den im nächsten Kapitel skizzierten Tochtergesellschaften. Während sich Letztere i. d. R. jedoch ausschließlich auf die Marktbearbeitung eines Landes beschränken, bündeln die Vertriebsbüros die Marktbearbeitung mehrerer Länder.

Damit einhergehend ist auch ein wesentlicher Unterschied im Qualifikationsprofil der Führungskräfte und MitarbeiterInnen bedeutsam: Man hat es in dieser Konstellation in der Regel mit unterschiedlichen gesetzlichen und kulturellen Rahmenbedingungen zu tun, die noch intensivere interkulturelle Fähigkeiten notwendig machen, als dies in der Tochtergesellschaft der Fall ist. MitarbeiterInnen des regionalen Vertriebsbüros in Dubai müssen ggf. den Importeur oder Händler in Abu Dhabi genauso verstehen und steuern können wie jenen in Pakistan.

Aus diesem Grund entscheidet man sich im Fall wirtschaftlich nachhaltig interessanter Märkte für die Gründung eigener Tochter- bzw. Vertriebsgesellschaften mit dem Anspruch einer noch effizienteren und gezielteren Marktbearbeitung. Die Zwischenstufe »lizenzierter Importeur« wird dabei von eigenen MitarbeiterInnen einer Vertriebsgesellschaft übernommen und erlaubt in jeglicher Hinsicht (Vertrieb, Marketing, Service) einen direkteren Zugriff auf den Markt.

3.3 KONZERNEIGENE TOCHTER- BZW. VERTRIEBSGESELLSCHAFTEN VOR ORT

3.3.1 ENTWICKLUNG DER MARKTBEARBEITUNG AM BEISPIEL EINIGER INTERNATIONALER UNTERNEHMEN

Mit Beginn der 1980er-/1990er-Jahre wurde die Aufteilung Inland/Ausland in vielen Unternehmen mit umfangreichen internationalen Aktivitäten weiterentwickelt in *Welt-Regionen*, die einzelne Wirtschaftsregionen wie Amerika, Europa, Asien und Rest der Welt (inkl. Afrika) abbildeten. Damit konnten regionale Gesichtspunkte wie beispielsweise Marktinformationen, Kundenwünsche und Produktanpassungen in der Unternehmensorganisation eine stärkere Berücksichtigung finden. In wichtigen Industrienationen von Europa über USA bis nach Japan/Korea gründete man *konzerneigene Tochtergesellschaften*, mit Aufgabenschwerpunkt Vertrieb/Marketing üblicherweise *Vertriebsgesellschaften* genannt. Diese direkten Investitionen in die Märkte hatten zum Ziel, durch die dauerhafte Präsenz des Unternehmens vor Ort die marktgerechte Vermarktung der Produkte nachhaltig zu verbessern. Neben den reinen Import- und Vertriebsfunktionen wurden in der ersten Stufe Aufgabenumfänge wie Marketing, Kundenbetreuung, Handelsbetreuung, Öffentlichkeitsarbeit, Service, Ersatzteilbelieferung, Finanzen und Verwaltung in diese lokalen Gesellschaften übertragen. Die Etablierung im Land erfolgt als rechtlich selbstständige Einheiten entweder durch Neugründungen oder Übernahmen (Akquisitionen).[5]

---

[5]   Vgl. dazu Kutschker/Schmid, S. 905ff.

Unter bestimmten Voraussetzungen können Vertriebsgesellschaften auch für die Bearbeitung von Ländergruppen, sogenannten *regionalen Markt-Clustern*, zuständig sein. Grundvoraussetzung sind weitgehend harmonisierte politische, rechtliche und kulturelle Rahmenbedingungen (z.B. politische oder wirtschaftliche Gemeinschaften wie die Europäische Union). Unternehmensintern entscheidungsrelevant für die Wahl einer solchen Marktbearbeitungsform sind in erster Linie ökonomische Gesichtspunkte. In der Regel werden aus Effizienzgründen Verwaltungsfunktionen (»Backoffice«) für die betroffenen Märkte in einer Vertriebsgesellschaft gebündelt und in den betroffenen Ländern wird nur noch mit einem reinen Vertriebs-/Marketingbüro gearbeitet. Oder man geht einen konsequenten Schritt weiter und bearbeitet die zu einem Cluster zusammengefassten Märkte ausschließlich über eine einzige Vertriebsgesellschaft mit angeschlossenen Einzelhandelsgeschäften in den Märkten. Beispiele dafür sind die Integration der Aktivitäten für Deutschland, Österreich und Schweiz in einem Cluster DACH oder für Belgien, Niederlande und Luxemburg in einem Cluster Benelux.

Die *aktuelle Entwicklung der Internationalisierung* geht noch deutlich weiter, indem konzerneigene Produktionsstätten, Logistik-, Beschaffungs- und sogar ganze Forschungs- und Entwicklungszentren in Wachstumsmärkte der Zukunft verlagert werden (u.a. »production follows market«).[6] Daher folgen hier einige ausgewählte Beispiele internationaler Unternehmen:

---

[6] Vgl. zur umfassenden Erläuterung zu Bedeutung, Aufgaben und Rollen von Tochtergesellschaften im internationalen Unternehmen Kutsch-ker/Schmid, S. 340ff.

- Der japanische Automobilkonzern *Toyota Motor Corporation* gründete zur Marktbearbeitung Europas schon vor vielen Jahren eine eigene Division »Toyota Motor Europe«. In den 1960ern wurden die ersten Fahrzeuge über einen dänischen Importeur nach Europa importiert, danach sukzessive weitere europäische Importeure ernannt und schließlich 1970 das »Toyota Motor Sales Office« in Brüssel eröffnet (der Vorläufer der heutigen Toyota-Motor-Europe-Zentrale) sowie mit der Lizenzfertigung von Fahrzeugen in Portugal begonnen. Heute beschäftigt Toyota Motor Europe nach eigenen Angaben mehr als 20.000 Menschen in Europa und operiert mit neun Produktionsstätten in sieben Ländern, mit 14 Teilelogistik- und acht Fahrzeuglogistik-Zentren, einem Design-Zentrum sowie mit 30 nationalen Marketing- und Vertriebsgesellschaften. Im Headquarter von Toyota Motor Europe in Brüssel arbeiten heute mehr als 2.700 Mitarbeiter aus 63 Nationen.[7]
- Die *BMW Group* (Konzernzentrale in München) ist aktuell weltweit mit 31 Produktionsstätten in 14 Ländern, einem weltweiten Forschungs- und Entwicklungsverbund mit 16 Forschungs- und Entwicklungsstandorten in fünf Ländern (u. a. in Deutschland, USA und China), 43 Vertriebsstandorten (in einigen Märkten mit unabhängigen Importeuren) sowie einem Vertriebsnetz mit rund 3.400 BMW-, 1.580 MINI- und 140 Rolls-Royce-Handelsbetrieben weltweit präsent.[8]
- Als internationales Technologie- und Dienstleistungsunternehmen ist die *Bosch Gruppe* (Konzernzentrale in Stuttgart) mit 440 Tochter- und Regionalgesellschaften in rund 60 Ländern vertreten. Der weltweite Fertigungs-, Entwi-

---

[7] Vgl. dazu http://www.toyota-europe.com; abgerufen am 30.01.2018.
[8] Vgl. dazu https://www.bmwgroup.com/de/investor-relations/finanzberichte.html, S. 30ff., abgerufen am 30.03.2018.

cklungs- und Vertriebsverbund erstreckt sich inkl. Handels-
und Dienstleistungspartnern über fast alle Länder der Welt.
An 120 Standorten weltweit beschäftigt Bosch ca. 59.000
Mitarbeiter in Forschung und Entwicklung.[9]

- Auch das international tätige Familienunternehmen *Miele*
  (Konzernzentrale Gütersloh) ist auf allen Kontinenten vertreten, mit 47 Vertriebsgesellschaften, rund 50 Importeuren
  und 70 Schauräumen in Metropolen sowie zwölf Produktionsstätten in Europa und China. Von den aktuell ca. 17.600
  Mitarbeitern weltweit sind ca. 7.000 in den Vertriebsgesellschaften beschäftigt.[10]

- Die *Adidas Group* hat ihre Unternehmenszentrale in Her-
  zogenaurach mit weiteren weltweit verstreuten fünf Haupt-
  standorten wie z. B. in Boston (Reebok) oder Hongkong und
  lässt ihre Produkte in über 160 Ländern produzieren.[11]

- Der US-Konzern *Microsoft* ist weltweit mit 119 Tochtergesellschaften tätig. Eine davon ist die 1983 gegründete Microsoft Deutschland GmbH mit Zentrale in München sowie
  weiteren sechs Regionalbüros und 2.700 MitarbeiterInnen.
  Daneben ist am Standort München das Forschungszentrum
  »Advanced Technology Lab Europe (ATLE)« beheimatet.

- Die Microsoft Deutschland GmbH hat sich explizit nicht
  nur wirtschaftliche Ziele gesetzt, sondern will durch ihr
  Engagement in Politik, Wirtschaft und Wissenschaft auch
  gesellschaftliche Verantwortung übernehmen und einen Beitrag zur Entwicklung des Standorts Deutschland leisten.[12]

---

[9] Vgl. dazu Bosch heute 2017, http://www.bosch.com/boschheute.com;
    abgerufen am 30.01.2018.
[10] Vgl. dazu http://www.miele.com; abgerufen am 30.01.2018.
[11] Vgl. dazu http://www.adidas-group.com/de/unternehmen/profil; abgeru-
    fen am 01.02.2018.
[12] Vgl. dazu: https://www.news.microsoft.com/de-de/fast-facts/; abgerufen
    am 11.03.2018.

Im Weiteren wird auf die Entsendung sowie die Rolle von Fach- und Führungskräften in Vertriebsgesellschaften als einen wesentlichen Baustein der zunehmenden Bedeutung des internationalen Managements näher eingegangen.

3.3.2 ENTSENDUNG VON FACH- UND FÜHRUNGSKRÄFTEN IN KONZERNEIGENE VERTRIEBSGESELLSCHAFTEN

Grundsätzlich gibt es für zukünftige Fach- und Führungskräfte verschiedene Möglichkeiten, ihre internationale Karriere mit einem Auslandseinsatz im internationalen Unternehmen zu beginnen bzw. voranzutreiben.

Anfangs können *internationale Praktika oder Trainee-Einsätze* in einer Vertriebsgesellschaft sicher wertvolle erste Schritte sein. Auch ein *Direkteinstieg* bei einer lokalen Vertriebsgesellschaft zu lokalen Bedingungen kann unter Umständen interessant und spannend für Berufsanfänger sein.

Im Nachfolgenden möchte ich mich jedoch auf die internationalen Einsatzmöglichkeiten von Fach- und Führungskräften mit einigen Jahren Berufserfahrung im Unternehmen konzentrieren.

Wer in einem internationalen Unternehmen arbeitet, profitiert von den breitgefächerten und faszinierenden Möglichkeiten, die ein solches Unternehmen in unterschiedlichen Ländern und Funktionen bietet. Erste internationale Erfahrungen kann man aus der Konzernzentrale heraus durch tageweise oder mehrwöchige Dienstreisen sammeln. »Echte« Auslandseinsätze werden in Abhängigkeit von der Dauer eines Auslandseinsatzes (auch »Global Assignment« genannt) als Abordnung (kürzer als ein Jahr; z. B. Projekteinsatz) oder Entsendung (länger als ein Jahr) definiert. Ins Ausland entsandte Mitarbeiter werden als *Expatriates* bezeichnet.

Wesentliche Gründe für die *Auslandsentsendung* von MitarbeiterInnen können aus Unternehmenssicht sein:

- Umsetzung der Unternehmenskultur und -strategie in wichtigen Absatzmärkten
- Übernahme von Funktionen mit Spezialwissen vor Ort zu Sicherstellung von Know-how-Transfer (z. B. Service, Logistik)
- Die persönliche Entwicklung von MitarbeiterInnen mittels Aneignung und Erweiterung von internationaler und interkultureller Fach- und Führungskompetenz

Einheimische MitarbeiterInnen (»Locals«) übernehmen in der Regel zumindest in der Aufbauphase einer konzerneigenen Vertriebsgesellschaft aufgrund des noch fehlenden spezifischen Know-hows zunächst allgemeine, routinemäßige Verwaltungs- und Vertriebsaufgaben (z. B. Buchhaltung, Disposition).

Grundsätzliche Aufgabe der Leitung der Vertriebsgesellschaft ist es, in der Außendarstellung einen *einheitlichen weltweiten Auftritt* des Unternehmens zu gewährleisten sowie *interne Prozesse transparent und effizient* zu gestalten. Durch einheitliche Strukturen, Prozesse und Zuständigkeiten soll ein möglichst effizientes Arbeiten sichergestellt werden. Von der Zentrale vorgegebene Standards zur Aufbau- und Ablauforganisation, integrierte IT-Systeme, Richtlinien zur Unternehmensführung sowie strategische Projekte werden in den Vertriebsgesellschaften umgesetzt. Dies ist verkürzt dargestellt die wesentliche Aufgabe internationaler Fach- und Führungskräfte.

Ein nicht ganz einfaches Unterfangen, da man bei der Umsetzung vor der Herausforderung steht, das Zentralisierungs- und Standardisierungsstreben der Zentrale mit den lokalen Rahmenbedingungen vor Ort in Einklang zu bringen. Insbesondere gesetzliche Regelungen und interkulturelle Besonderheiten des Landes sind als integrierte Bestandteile eines Konzeptes zur Marktbearbeitung zu beachten und mit den Erfordernissen der Zentrale zu verbinden mit dem Ziel, eine möglichst effiziente, nachhaltige und profitable Marktbearbeitung für das Unternehmen im jeweiligen Land umzusetzen, die in ihren Grundsätzen der Unternehmensstrategie und -kultur folgt.

Dieses Konzept dürfte grundsätzlich auch heute noch Bestand in den meisten internationalen Unternehmen haben und wurde in den letzten Jahren kontinuierlich weiterentwickelt. Dazu mehr in den folgenden Kapiteln.

4 INTERKULTURELLE HERAUSFORDERUNGEN BEIM INTERNATIONALEN EINSATZ VON FACH- UND FÜHRUNGSKRÄFTEN

4.1 GRUNDSÄTZLICHES ZUM BEGRIFF »KULTUR«

Salopp formuliert versteht wahrscheinlich jeder, was mit »interkulturellen Herausforderungen« gemeint ist: In Japan verhält man sich eben anders als in Frankreich und dort wieder anders als in Ägypten. Von den Menschen gelebte Verhaltensweisen, Werte oder Grundüberzeugungen können in verschiedenen Kulturkreisen unterschiedlich sein, also beispielsweise in Ländern (Asien im Vergleich zu Amerika) oder in Unternehmen (Start-up im Vergleich zu einem traditionellen Familienunternehmen). So in etwa dürfte die spontane Antwort der meisten Befragten lauten und für den Anfang der Betrachtung ist sie auch nicht verkehrt.

Aufgrund der Relevanz für zukünftige Fach- und Führungskraft im internationalen Management bietet es sich jedoch an, etwas tiefer in das Thema einzusteigen. Gerade in der Hektik des täglichen Geschäfts – geprägt von operativem Erfolgsstreben – sind die Potenziale, die im Erkennen und Nutzen der Zusammenhänge zwischen interkulturellen und fachlichen Fähigkeiten liegen, in der Praxis noch nicht vollständig ausgereizt. Daher möchte ich meine Leser für diesen Aspekt sensibilisieren und zum vertieften Studium anregen.

Unter dem Begriff Kultur versteht Hofstede »[d]ie kollektive mentale Programmierung, die die Mitglieder der einen

Gruppe oder Kategorie von Menschen von einer anderen
unterscheidet«.[13] Sie ist die Gesamtheit der Werte, Normen,
Einstellungen und Überzeugungen einer sozialen Einheit,
die sich in einer Vielzahl von Verhaltensweisen ausdrückt,
im Sinne von denken, fühlen, handeln und verhalten. Sie
wird von ihren Mitgliedern als gegeben hingenommen und
manchmal als schweigende Sprache bezeichnet.[14] Als soziale
Einheiten können dabei je nach Betrachtungsebene Länder,
Unternehmen, Abteilungen o. ä. definiert werden. Interkulturelles Handeln findet immer dann statt, wenn Menschen
aus verschiedenen Kulturkreisen miteinander agieren. Den
Untersuchungen Hofstedes folgend lassen sich nationale kulturelle Unterschiede anhand der fünf folgenden Dimensionen
erkennen:[15]

* *Machtdistanz*
  Die Bereitschaft für die Akzeptanz einer ungleichen Ver-
  teilung von Macht in der Gesellschaft ist relativ hoch aus-
  geprägt in vielen Ländern Asiens (Malaysia, Philippinen),
  Osteuropas (Slowakei, Russland), Arabiens oder Lateinamerikas (Guatemala, Panama). Geringe Machtdistanzwerte
  finden sich in den nordeuropäischen und deutschsprachigen
  Ländern.

* *Individualismus und Kollektivismus*
  Ein Beispiel für Individualismus sind die USA (Individuum

---

13 Hofstede, S. 516.
14 Vgl. Kutschker / Schmid, S. 674f.
15 Vgl. dazu Hofstede, S. 28ff. sowie im Detail die einzelnen Kapitel zu den
    Dimensionen und die dazugehörigen tabellarischen Darstellungen S. 55,
    S. 101f., S. 158f., S. 221, S. 275.

steht im Vordergrund, »I did it my way«); Beispiele für Kollektivismus sind lateinamerikanische sowie asiatische Länder (Gruppe steht im Vordergrund, Sprichwort: »Nägel, die herausstehen, werden reingehämmert.«).

• *Maskulinität und Feminismus*
Ein Beispiel für Ersteres sind die USA (persönlicher, materieller Erfolg und Leistung zählen; aggressives Verhalten als Folge von Gewinnorientierung); Beispiel für Feminismus sind die skandinavischen Länder und die Niederlande, in denen Werte wie Toleranz, Mitgefühl, soziale Ausrichtung wichtig sind.

• *Unsicherheitsvermeidung*
Besonders viele Mitglieder der Gesellschaft fühlen sich in Ländern Lateinamerikas, Griechenland, Portugal oder auch Japan durch unbekannte oder ungewisse Situationen bedroht. Niedrige Werte gelten für die anglophonen und nordischen Länder, mittlere Werte für Deutschland. Je mehr gefühlte Bedrohung durch Unsicherheit herrscht, umso mehr Gesetze und Regelungen werden angewendet.

• *Lang- und Kurzzeitorientierung*
Beispiele für Langfristorientierung – im Sinne Hegens von langfristig orientierten Tugenden wie Beharrlichkeit, Ausdauer und Sparsamkeit – sind China und Japan, auch stark beeinflusst durch die Lehren des Konfuzius. Deutschland nimmt hier eine mittlere Position ein.

Hofstede führt darüber hinaus eine Liste von nationalen Paradigmen in ausgewählten Ländern auf, die wiederum die Denkweisen von Organisationen beeinflussen:[16]

»Am Anfang war / en ...«

... in den USA:	der Markt
... in Frankreich:	die Macht
... in Deutschland:	die Ordnung
... in Skandinavien:	die Gleichheit
... in Großbritannien:	die Systeme
... in China:	die Familie
... in Japan:	Japan

Deutsche Kulturstandards (definiert als normale, selbstverständliche und typische Werte und Verhaltensweisen) lassen sich beispielsweise mit Formalismus, Hierarchie-/Autoritätsorientierung, Direktheit interpersoneller Kommunikation und Pflichterfüllung beschreiben. Für die *USA* können Kulturstandards wie Individualismus, Chancengleichheit, Handlungs-/Leistungsorientierung und Patriotismus gelten, für *China* Gesicht wahren, Trennung von Arbeits- und Privatbereich, Sanktionsangst oder Hierarchieorientierung.[17]

Kultur bietet Orientierung und Ordnung, sie gibt einem ein Gefühl dafür, was richtig oder falsch ist. Sie kann Individuen antreiben (Motivationsfunktion), stiftet Sinn, Legitimität (rechtfertigt bestimmtes Verhalten) und Identität, sie vermittelt Einheit und grenzt gegenüber anderen sozialen Einheiten ab.

Die Beachtung der Relevanz von Kultur und damit auch

---

[16] Vgl. Hofstede, S. 362f.

[17] Vgl. hierzu und zu weiteren Kulturstandards Kutschker / Schmid, S. 777, die sich auf eine Studie von A. Thomas aus dem Jahr 1997 beziehen.

interkulturellen Unterschieden zwischen sozialen Einheiten ist ein *maßgeblicher Faktor für erfolgreiches Handeln in Bezug auf internationale Aufgabenstellungen*:

»In multinationalen Unternehmensorganisationen werden die Werte und Überzeugungen der Heimatkultur als abgesichert gesehen und dienen als Bezugsrahmen für die Zentrale. Personen mit Verbindungsfunktionen zwischen den Niederlassungen im Ausland und der Zentrale müssen bi-kulturell sein, weil sie eine doppelte Vertrauensbeziehung brauchen, auf der einen Seite [zu] den Vorgesetzten ihrer Heimatkultur und Kollegen und auf der anderen Seite zu den ihnen unterstellten Mitarbeitern ihres Gastlandes.«[18]

Auch wenn die direkten Zusammenhänge zwischen kulturellen Differenzen und Konsequenzen im Management trotz vielfältiger wissenschaftlicher Studien bisher nicht eindeutig nachweisbar sind, sollten zukünftige Fach- und Führungskräfte doch zumindest dafür sensibilisiert sein.[19] Insbesondere im Ausland wird man immer wieder vor *interkulturellen Überschneidungssituationen* stehen und sich mit den Werten, Normen und Überzeugungen der MitarbeiterInnen im Einsatzland in Verbindung mit seinen eigenen bzw. jenen des Unternehmens auseinandersetzen müssen.

Bedeutsam für erfolgreiche internationale Unternehmen ist es, neben der Sensibilisierung für interkulturelle Unterschiede zwischen sozialen Einheiten eine *eigene Unternehmenskultur* zu entwickeln. Sie beeinflusst durch gemeinsam im Unternehmen

---

[18] Hofstede, S. 445.
[19] Vgl. dazu Kutschker / Schmid, S. 775ff.

gelebte Grundannahmen, Werte, Normen, Einstellungen und Überzeugungen den Charakter des Unternehmens, macht es einzigartig im harten internationalen Wettbewerb und gewährleistet nicht zuletzt ein einheitliches weltweites Auftreten. Auf die wachsende Bedeutung der Unternehmenskultur in den aktuellen Zeiten der technologischen, politischen und wirtschaftlichen Veränderungen wird in den folgenden Kapiteln noch detaillierter eingegangen werden.

4.2 ANFORDERUNGSPROFIL AN POTENZIELLE EXPATRIATES

Wie bereits an anderer Stelle ausgeführt, ist ein gewichtiger Grund für Auslandsentsendungen von MitarbeiterInnen aus Unternehmenssicht der Transfer von Prozess- und Fachwissen. Dies gilt in gleichem Maße für die Marketingleiterin, den Kundendienst-Trainer, die Controllerin oder den Leiter Spezialvertrieb, um nur einige mögliche Positionen für Mitarbeiter im Ausland zu nennen. Aus Mitarbeitersicht kann ein internationaler Einsatz ein wesentlicher Schritt in der Karriereplanung sein. In jedem Fall ist der Auslandseinsatz eine große persönliche und berufliche Herausforderung und in aller Regel eine einmalige Bereicherung nicht nur für den Mitarbeiter, sondern auch für dessen Familie.[20] Es werden sich neuartige

---

[20] In den nachfolgenden Ausführungen beziehe ich mich stets auf die Konstellation, dass man einen Auslandseinsatz mit Partner/Familie plant. Unbegleitete Auslandseinsätze sind natürlich auch möglich in Abhängigkeit von den privaten Verhältnissen sowie von Dauer und Ort des Einsatzes. So kann diese Variante beispielsweise bei Einsätzen in Europa durchaus einmal gewählt werden mit entsprechenden Heimflügen z.B. am Wochenende.

Horizonte der Entwicklung für alle Beteiligten eröffnen, deren Bedeutung man für das weitere Leben, beruflich und privat, erst einige Jahre später richtig einordnen kann.

Zuerst wird man jedoch aus dem vergleichsweise sicheren und geregelten Umfeld der Heimat herausgerissen und in ein fremdes Land, oft in eine ähnlich einem Mittelstandsunternehmen strukturierte Tochtergesellschaft transferiert. Das neue Aufgabengebiet wird um einiges breiter und anspruchsvoller, der Wirkungsgrad und die (Personal-)Verantwortung werden höher sein als »zu Hause«. Andererseits eröffnet sich einem ein wesentlich breiterer Überblick über die Zusammenhänge der einzelnen Geschäftsbereiche, da die Tochtergesellschaft in einigen Bereichen ein Spiegelbild des Mutterunternehmens ist – nur viel kleiner und übersichtlicher.

War man in der Zentrale noch einer von vielen, so gehört man nun zu den Repräsentanten des Unternehmens im Einsatzland. Auf der Visitenkarte steht der imposante Titel »Head of …« oder »Director …«. Spätestens bei der ersten Begegnung mit dem deutschen Botschafter oder anderen hochrangigen Vertretern der Wirtschaft wird einem bewusst, dass man von nun an auch eine bedeutende Rolle als Botschafter des Unternehmens im Außenverhältnis spielt. Einladungen der Deutschen Außenhandelskammer (AHK) zu Arbeitskreisen können möglicherweise folgen. Sie dienen dem Meinungsaustausch der deutschen Unternehmen vor Ort und der Organisation von übergreifenden Projekten und Veranstaltungen zur Stärkung der deutschen Wirtschaft. Das sind Gelegenheiten, die man wahrnehmen sollte, da man sie im Umfeld des Mutterunternehmens als junge Fach- und Führungskraft so schnell nicht bekommen wird – reizvolle Aufgaben, die einen im Ausland zu einem Kandidaten für das mittlere und obere Management reifen lassen.

Das *Anforderungsprofil an eine Fach- und Führungskraft im Ausland* ist daher vielfältig und lässt sich grob wie folgt skizzieren:

- Stabile Persönlichkeit und überdurchschnittlich hohe Belastbarkeit
- Ausgeprägtes Interesse und Offenheit gegenüber fremden Kulturkreisen, Sprachen sowie neuen Lebenserfahrungen
- Überdurchschnittlich hohe Fach- und Führungskompetenz
- Träger bzw. aktiver Vermittler der Unternehmenskultur (Vorbildfunktion als Repräsentant der Zentrale)
- Überdurchschnittlich kommunikativ (z. B. keine Sprachhemmungen)
- Gutes Netzwerk im Konzern
- Verhandlungsgeschick bei innerbetrieblichen Konfliktsituationen (z. B. Tochtergesellschaft vs. Zentrale; Konsensfähigkeit, »Diplomat«)

Im deutschsprachigen Raum ausgebildete Fach- und Führungskräfte neigen bekanntermaßen dazu, Problemstellungen (typisch deutsche Formulierung für schwierige Aufgaben bzw. Herausforderungen) strukturiert, lösungsorientiert, schnell und gründlich zu bearbeiten. Offenheit, Transparenz und Direktheit sind Attribute, die Manager internationaler Unternehmen mit Hauptsitz in Deutschland auszeichnen. Man schätzt und respektiert auf der ganzen Welt diese »deutsche Wertarbeit«.

In vielen Ländern und Kulturkreisen stoßen diese Attribute jedoch anfänglich auf Unverständnis, teilweise sogar auf Widerstand in der Zusammenarbeit mit den lokalen MitarbeiterInnen: Schnelligkeit kann unter Umständen als Ungeduld, Offenheit als Gesichtsverlust, Transparenz als Misstrauen verstanden werden.

Hohe Priorität genießen in vielen Kulturkreisen zunächst Vertrauen und respektvoller Umgang miteinander. Die Beziehungsebene ist in erster Linie ausschlaggebend für eine erfolgreiche Zusammenarbeit. Man nimmt sich Zeit, um seinen Ansprechpartner kennenzulernen.

Je weiter man sich vom deutschen Kulturkreis entfernt, umso herausfordernder kann sich daher eine konstruktive Zusammenarbeit aller Beteiligten gestalten. Die Gründe dafür sind offensichtlich, da die Erwartungshaltung der Zentrale an Fach- und Führungskräfte im Ausland vergleichsweise hoch ist und transparente, schnelle, strukturierte und nachhaltige Lösungen sowie Erfolge verlangt werden. Schließlich hat man ja genau aus diesem Grund »unsere Frau« bzw. »unser Mann« in die ausländische Vertriebsgesellschaft geschickt und erwartet den entsprechenden »Return on Investment« für die vergleichsweise hohen Personalkosten, nämlich einen signifikanten Zusatznutzen gegenüber der Wahrnehmung der Funktion durch einen lokalen Mitarbeiter.

Grob skizziert sind dies die grundsätzlichen *Herausforderungen interkultureller Teams* in ausländischen Tochtergesellschaften. Von allen Beteiligten wird eine ausgeprägte Kompetenz erwartet, mit kultureller Diversität und interkulturellen Überschneidungssituationen konstruktiv und aktiv umzugehen. Das ist nicht immer einfach, da zwar alle Beteiligten das gleiche Ziel, den nachhaltigen wirtschaftlichen Erfolg, anstreben – nur eben auf unterschiedlichen Wegen dorthin gelangen wollen. Es kommt unausweichlich zu Konfliktsituationen zwischen dem »zentralen« und dem »lokalen« Weg erfolgreichen wirtschaftlichen Handelns. Dabei sollte es der Anspruch der Beteiligten sein, Reibungsverluste so gering wie möglich zu halten und das Optimum einer gemeinsam getragenen Teamleistung, das Beste für den Konzern, anzustreben.

Während die Zentrale also weltweite Standardisierung anstrebt (insbesondere bei Prozessen und IT-Systemen), betont das lokale Management die Besonderheiten des Landes (»bei uns geht das nicht, hier ist alles anders«). Der Expatriate ist in diesem Fall als eine Art *Brückenbauer* zwischen diesen divergierenden Standpunkten gefordert. Er soll Orientierung geben und unter Berücksichtigung der spezifischen Verhaltensweisen ein interkulturelles Team zielorientiert führen.

Zur Weiterentwicklung dieses Konzeptes im Sinne eines integrierten und umfassenden *internationalen Personalmanagements* gehören dann konsequenterweise auch die Beschäftigung von internationalen Fach- und Führungskräften aus Tochtergesellschaften in der Zentrale (»Inpatriates«) sowie idealerweise auch der Austausch von MitarbeiterInnen zwischen den einzelnen Tochtergesellschaften. Interkulturelle, organisatorische und juristische Aspekte spielen bei der internationalen Personalauswahl und -entwicklung (Global Talent Management) eine wichtige Rolle mit dem Anspruch, über die Jahre hinweg eine Unternehmenskultur zu entwickeln, in der die Grundwerte weltweit – egal, ob Zentrale oder Tochtergesellschaften – aktiv gelebt werden. Denn sämtlichen MitarbeiterInnen kommt standortunabhängig bei der Gestaltung der Zukunft eines internationalen Unternehmens eine entscheidende Rolle zu. Eine Unternehmenskultur im Sinne von bestimmten Werten, die die Zusammenarbeit im Unternehmen auszeichnen, kommt nur zum Tragen, wenn sie von den Führungskräften vorgelebt und von allen MitarbeiterInnen weltweit getragen und gelebt wird. Kulturelle Vielfalt ist der Kern eines »*Cultural Change*«, der aktuell von vielen Unternehmen angestrebt wird, um im globalen Wettbewerb mit sich ständig wandelnden Kundenbedürfnissen auch zukünftig erfolgreich agieren zu können.

Natürlich hatte auch mein Arbeitgeber schon vor 20–30 Jah-

ren sogenannte Leitfäden zu Verhaltensweisen von Führungskräften entwickelt und als junge Führungskraft versuchte ich
auch, auf dieser Grundlage im Unternehmen zu agieren. Das
Lesen und Verstehen von Leitfäden ist das eine, das *Lernen von
Vorbildern* aus meiner Sicht jedoch ein deutlich nachhaltigeres
Element, um Unternehmenskultur wirklich zu »er-leben« und
dann auch authentisch »vor-zu-leben«.

Mein *persönliches Schlüsselerlebnis* zum Thema »Vorbildrolle
bei der Umsetzung der Unternehmenskultur« hatte ich bereits vor über 20 Jahren als Expatriate in der Vertriebsgesellschaft BMW Japan. Damals bekam ich die Gelegenheit, ein
Mitglied der BMW-Großaktionärsfamilie einige Stunden
persönlich durch die Räumlichkeiten unserer Vertriebsgesellschaft in Chiba/Tokio führen zu dürfen. Für mich waren es
die entscheidenden Stunden, um zu verstehen, wie Unternehmenskultur bei einem Konzern wie der BMW AG »ganz oben«
wirklich gelebt wird. Das Familienmitglied war während des
Besuchs Vorbild in allen Belangen: freundlich, offen und interessiert an Besonderheiten der japanischen Kultur ebenso wie
an Inhalten des japanischen Büroalltags. Eine Persönlichkeit,
die einerseits trotz ihres Status Bescheidenheit, Wertschätzung
und Bodenhaftung ausstrahlte und andererseits den Japanern
mit einer gewissen natürlichen Autorität gegenübertrat. Sie
verkörperte für mich in den wenigen Augenblicken der Begegnung all die wichtigen Werte, die auch heute noch Kern
meiner persönlichen Grundüberzeugungen und Bestandteil
der Unternehmenskultur bei BMW sind: Respekt, Vertrauen,
Offenheit und Wertschätzung. Das mag nun etwas pathetisch
klingen, aber diese kurze Begegnung war für mich damals bis
heute ausschlaggebend, um wirklich zu begreifen, wie man im
Sinne unserer Werte als eigenverantwortliche Führungskraft,
als Unternehmer im Unternehmen agiert.

4.3 ROLLE DES EXPATRIATES WÄHREND DES INTERNATIONALEN EINSATZES

4.3.1 ENTSCHEIDUNGSFINDUNG UND VORBEREITUNG DES INTERNATIONALEN EINSATZES

Aus den bisherigen Ausführungen dürfte klar geworden sein, dass insbesondere im Ausland tätigen Fach- und Führungskräften die wichtige Rolle zugesprochen wird, die Werte und Grundüberzeugungen des Mutterunternehmens, die Unternehmenskultur, im Land fern der Heimat aktiv und authentisch vorzuleben.

Ausgehend vom Kundenkontakt über Prozesse und Aufgaben in der Verwaltung bis hin zum Importprozess der Produkte muss auch in der ausländischen Vertriebsgesellschaft alles so organisiert sein, so »gelebt« werden, dass es unter Berücksichtigung der speziellen Rahmenbedingungen des Landes zum weltweiten Auftritt des Unternehmens passt.

Die Anforderungen an den Expatriate gehen also weit über die ursprüngliche Qualifikation eines (früheren) Außendienstdelegierten hinaus. Ein Expatriate lebt in der Regel dauerhaft mit seiner Familie im Land (ca. drei bis fünf Jahre, je nach Aufgabe und Einsatzort ggf. auch länger). Als Repräsentant des Mutterunternehmens verkörpert er jederzeit dessen Werte und Grundüberzeugen im Sinne einer Vorbildrolle in der lokalen Vertriebsgesellschaft sowie auch im privaten Umfeld.

Gleichzeitig verdienen jedoch auch die lokalen Gepflogenheiten im Einsatzland einen respektvollen Umgang im täglichen Leben. War man bisher in der Organisation der Zentrale einer von vielen Gleichgesinnten, so ist man im Auslandeinsatz einer von wenigen, vielleicht sogar der einzige Vertreter der Zentrale. Man ist gegebenenfalls in der Verantwortung, sein Unternehmen bei der deutschen Botschaft, lokalen Behörden, der Außenhandelskammer (AHK), internationalen Kunden, Journalisten etc. zu vertreten. Neben stets aktuellem und fundiertem Produkt-Know-how setzt das möglichst umfassende Kenntnisse über sein eigenes Unternehmen (wirtschaftliche Entwicklung, Produktprogramm, Preisgestaltung etc.) sowie die gelebten Verhaltensregeln voraus. Wie reagiert man auf Fragen von Behörden und Journalisten? Wie detailliert erklärt man der internationalen Expatriategemeinschaft vor Ort die Lage des eigenen Unternehmens? Welche Themen kann man adressieren, welche vielleicht eher nicht, wenn einen MitarbeiterInnen von Konkurrenten ansprechen? Wie erklärt man all die komplexen Zusammenhänge und Abläufe in der Konzernzentrale den lokalen Mitarbeitern vor Ort? Dies sind beispielhaft einige neuartige und spannende Fragestellungen, die einen Expatriate in den ersten Monaten seines Einsatzes beschäftigen. Dazu kommen oft noch die Herausforderungen der Eingewöhnung mit der Familie wie Wohnungssuche, Kindergarten, Schule sowie Sprachprobleme etc.

Es liegt also auf der Hand: Zur *Vorbereitung eines Auslandseinsatzes* ist auch heute noch trotz deutlich verbesserter Informationssammlung über Internet / soziale Medien eine vielfältige Fragestellungen umfassende, drei- bis viermonatige Vorlaufzeit der Kandidaten notwendig. Jeder, der sich ernsthaft mit einem längeren internationalen Einsatz beschäftigt, sollte sich zunächst im Klaren darüber sein, dass ein dauerhafter beruflicher Einsatz in Tokio wesentlich mehr als das aufregende Erleben touristischer Attraktionen bedeutet, dass Paris nicht nur gutes Essen, »savoir vivre« und den Eiffelturm bietet. Ganz andere Aspekte des täglichen Lebens wie Sprachkenntnis, Infrastruktur, medizinische Versorgung, Schulen, Behörden, Sicherheit,

Klima etc. rücken in den Mittelpunkt der Betrachtung. Das mag sich trivial anhören, es gehört jedoch zum Kern der Vorbereitung, dass man sich dessen bewusst ist.

Viele Fragen zur *Selbstreflexion* spielen daher zunächst eine dominante Rolle und es ist empfehlenswert, gewissenhaft in sich »hineinzuhorchen«:

- Will ich das wirklich, mich in einem fremden Umfeld dauerhaft einer fremden Kultur stellen?
- Welche Länder, welche Kulturen kommen für mich in Betracht, welche vielleicht nicht?
- Sind meine Aufgeschlossenheit, Wissbegierde und Flexibilität ausreichend, um mich dem fremden Land, der fremden Kultur intensiv zu nähern?
- Inwieweit bin ich bereit, lokale Gepflogenheiten / Regeln zu akzeptieren, die möglicherweise im Konflikt zu den eigenen Werten stehen (z. B. Rechte der Frauen im Mittleren Osten)?
- Wie relevant sind Aspekte der Sicherheit (z. B. Südamerika) oder des Klimas (z. B. Erdbeben in Japan)?
- Gibt es vielleicht gesundheitliche Einschränkungen bei mir oder Familienmitgliedern, die einen Einsatz im betreffenden Land erschweren (z. B. Luftverschmutzung in Peking)?
- Kenne ich mein Unternehmen schon so gut und kann ich meine Funktion bereits so professionell ausüben, dass ich bereit bin, fernab der Zentrale eine Vorbildfunktion zu übernehmen?
- Decken sich die Erwartungen des Unternehmens mit meiner persönlichen Einsatzplanung?

Es ist dringend ratsam, sich selbst dahingehend ernsthaft und ehrlich überprüfen. Lust auf ein ein paar Monate dauerndes Abenteuer oder kurzfristige finanzielle Anreize dürfen jedenfalls nicht die primäre Motivation für einen internationalen Einsatz sein. Auch nicht Karrierestreben im Sinne von »Auslandseinsatz als ›carreer booster‹«.

Der wesentliche Antrieb sollte vielmehr tiefer in der persönlichen Entwicklung liegen: Die Neugier am Kennenlernen neuer Kulturen, das ausgeprägte Interesse und die Aufgeschlossenheit, mit Menschen fremder Kulturen intensiv über einen längeren Zeitraum zusammenzuarbeiten, sowie die Passion für das eigene Unternehmen, die eigene Aufgabe, sind gute Voraussetzungen für einen erfolgreichen Einsatz im Ausland. Lokale Mitarbeiter spüren sehr schnell, wenn sich jemand nur um der Karriere willen ein paar Monate vor Ort engagiert oder nur etwas Abenteuer im Ausland haben will. Probleme im Team, mangelnde Loyalität und Ausgrenzung sind oft die Folge.

Ein weiterer, ganz entscheidender Faktor zur Vorbereitung eines Auslandseinsatzes ist die Klärung der Frage, ob die *Familie* bereit ist, mitzugehen. Die Jahre im Ausland und in einer neuen Führungsrolle in der lokalen Gesellschaft werden anstrengend genug. Zeitlich und mental ist man wesentlich stärker gefordert als zu Hause – nicht nur im Beruf, sondern auch in der Familie. Latent schwelende Konflikte können im Ausland bei Stresssituationen schneller und heftiger aufbrechen und sich rasch zu existenziellen Problemen entwickeln. Die Rückendeckung der Familie muss daher bei der Entscheidungsfindung von Anfang an gegeben sein, Überreden bringt gar nichts und kann schon nach einigen Wochen zu ernsthaften familiären Spannungen führen. Diese Aspekte sind in aller Offenheit, frühzeitig und in Ruhe mit sich und seinem privaten Umfeld zu klären.

Entscheidend ist, dass man zuallererst Vertrauen in sich selbst, seine Leistungsfähigkeit und in die Aufgeschlossenheit seiner Familie hat und man sich gemeinsam zutraut, den Schritt ins Ausland zu wagen. Dann, und nur dann, wird man eine aufregende, wunderbare und einmalig bereichernde Zeit als Expatriate haben.

Ist der Entschluss einmal gefasst, geht man seine *Bewerbung* aktiv an, weiht die Personalabteilung und seine zuständigen Führungskräften frühzeitig in die Planungen ein. Ein solcher Prozess kann durchaus einige Monate dauern (manchmal auch ein Jahr oder noch länger), bis die richtige Stelle gefunden ist und alles passt. Geduld und eine gewisse Flexibilität sind gefragt, da das Angebot des Unternehmens eventuell nicht exakt der Wunschvorstellung entspricht, die man sich bezüglich Land oder Funktion erträumt hat.

Zur Vorbereitung sind sicherlich zwischenzeitlich auch *Gespräche mit Bekannten* nützlich, die schon Erfahrungen mit einem Auslandseinsatz sammeln konnten (idealerweise im potenziellen Einsatzland) sowie ein mehrtägiger sogenannter *Look & See Trip*, um den möglichen Einsatzort als zukünftigen Wohn- und Arbeitsort besser einschätzen zu können. In einer späteren Phase ist ein *interkulturelles Training* als weiterer Baustein des Vorbereitungsprogramms empfehlenswert (gemeinsam mit dem Partner). Dort kann man nicht nur seine Fragen und vielleicht auch Bedenken mit erfahrenen Trainern teilen, sondern auch mit Gleichgesinnten Kontakt aufnehmen, deren Stimmungslage in der Regel ähnlich der eigenen sein dürfte, nämlich schwankend zwischen freudiger, aufgeregter Erwartung einerseits und Zweifeln, ob das alles gut geht, andererseits. Ein *Sprachkurs* zum Erlernen von Grundkenntnissen der Landessprache sollte mehrere Wochen vor Start des Einsatzes begonnen und während des Einsatzes vor Ort fortgeführt werden (idealerweise mit Partner). Kommunikation mit den lokalen Mitarbeitern in der Landessprache, wenn auch anfangs nur einige Floskeln, erzeugt Vertrauen und zeigt Interesse für eine aktive und ernsthafte Integrationsbereitschaft im Land. Je nach Einsatzort kann auch ein *Sicherheitstraining* zur Vorbereitung auf etwaige Gefahrensituationen in Betracht gezogen werden (z. B. für Einsätze in Mittel- / Südamerika).

Zur Bedeutung des *Look & See Trip* möchte ich kurz meine persönlichen Erfahrungen schildern. Diese liegen zwar schon einige Jahre zurück, sind jedoch nichtsdestotrotz auch heute noch relevant.

Im Grundsatz hatten meine Frau und ich schon länger einen Auslandseinsatz in den 1990er-Jahren im Auge und uns über das aufregende Leben für einige Jahre an verschiedenen Standorten Gedanken gemacht – am liebsten in Südeuropa oder Singapur.

Als es dann aber Ende 1995 wirklich konkret wurde, passte es nicht so richtig in die Familienplanung. Wir waren gerade aus der Stadt in unser neues Zuhause im Münchner Umland gezogen und hatten es uns mit unserer kleinen Tochter gut eingerichtet. Da kam auch schon von meinem Arbeitgeber, der BMW AG, das Angebot, für etwa drei Jahre nach Tokio zu BMW Japan als »Leiter Controlling« zu wechseln. Für eine Führungskraft Mitte dreißig mit neun Jahren Berufserfahrung eine interessante Chance, sich im internationalen Umfeld zu beweisen. Einerseits. Andererseits kam das nun doch sehr kurzfristig: »Privat passt das jetzt gerade gar nicht.« Der geplante Einsatzort Tokio war bisher nicht auf unserer Liste. Japan kannten wir noch nicht mal als Touristen. In Gesprächen mit Bekannten bekamen wir in den darauffolgenden Tagen eher heterogene Einschätzungen: von »wunderbar und wahnsinnig interessant; einzigartige Kultur« bis zu »sehr schwierig und fremdartig; katastrophale Verkehrsverhältnisse«.

Nach kurzer Phase des Nachdenkens gingen wir das Projekt

trotz einiger Bedenken positiv an und machten uns Anfang Dezember auf den Weg zum einwöchigen Look & See Trip nach Tokio. Unsere Tochter blieb zu Hause bei den Großeltern. Geplant war die Reise von Samstag bis Samstag.

Schon bei der Ankunft nach elfstündigem Flug und der Fahrt vom weit außerhalb gelegenen Flughafen Narita in die Stadt wurde uns rasch bewusst, dass wir nicht in einer bekannten europäischen oder amerikanischen Großstadt gelandet waren, sondern in Ostasien, in Tokio. Eine riesige Metropole, mit einem mindestens 20 Kilometer breiten, grauen Industriegürtel, den wir mit dem Bus erstmal auf der Stadtautobahn durchqueren mussten und der maßgeblich die ersten Eindrücke auf dem Weg vom Flughafen in die Stadt prägte.

Der Charme dieser Metropolregion erschließt sich einem erst auf den zweiten Blick: endlose, graue Häuserfassaden, tief hängende Wolken mit Sprühregen, wenig Grün, viel Verkehr, viele, sehr viele Menschen – und die Zeitverschiebung. Obwohl bereits später Vormittag, waren wir vom ersten Moment an übermüdet, da in Europa noch Nacht war und uns die fremdartigen Eindrücke eher negativ beeindruckten. Wir kamen schließlich nicht als Touristen für ein paar Tage, sondern sollten unseren Lebensmittelpunkt für einige Jahre hierher verlegen. Den ersten Tag liefen wir wie benommen durch die Stadt: Alles war fremd und irgendwie umständlich – nicht nur die Stadt an sich und die Menschen, sondern auch die »Kleinigkeiten« des täglichen Lebens. Die Bestellung im Restaurant, die Taxifahrt, die Geldautomaten, die freundlichen, aber irgendwie »merkwürdigen« Japaner sowieso. Für ein paar Tage Sightseeing sicher ausgesprochen interessant – aber: hier leben? Mit unserer kleinen Tochter? Vielleicht waren wir das Projekt doch etwas zu optimistisch und unvorbereitet angegangen?

Irgendwie passte der berüchtigte erste Eindruck nicht zu den

Vorstellungen, die wir von einer Großstadt hatten, in der wir als Familie einige Jahre verbringen wollten. Abends schüttelte uns dann zu allem Überfluss noch ein kurzes, aber heftiges Erdbeben der Stärke vier bis fünf durch, was in Japan des Öfteren vorkommt und für Japan-Kenner keiner Erwähnung wert ist. Unsere Sorgenfalten wuchsen stetig und nach einer fast durchwachten und gedankenschweren Nacht (acht Stunden Zeitverschiebung) war uns klar, dass eine schwierige Entscheidung vor uns liegen würde.

Beeinflusst durch diese kritische Grundstimmung zogen wir die Buchung des für Samstag geplanten Rückflugs nach Deutschland schon auf Mittwoch vor. Ein auf zwei Tage verkürzter Aufenthalt vor Ort sollte ausreichen, um Tokio doch noch halbwegs mit den Augen eines zukünftigen Expatriate kennenzulernen. Die verbleibende Zeit nutzten wir trotz aller Vorbehalte aus den ersten Eindrücken konstruktiv: Meine Frau besuchte in Begleitung einer Japanerin potenzielle Wohngegenden mit Einkaufsmöglichkeiten, Kindergarten, Ärzten etc. Ich konnte mich im Büro der Vertriebsgesellschaft BMW Japan umsehen und schon mal einige Kolleginnen und Kollegen kennenlernen. Eine halbtägige Sightseeing-Tour rundete abschließend das Programm ab, bevor es endlich wieder nach Hause ging. Die Entscheidung war, zumindest gefühlt, bereits stillschweigend gefallen: Wir machen das eher nicht.

Wieder zurück im Büro in München, traf ich am Freitag direkt meinen Chef, einen ausgewiesenen Japan-Kenner. Ihm war sofort klar, was passiert war: »So früh schon wieder zurück? Das war wohl nichts ...« Seine Empfehlung war, erstmal nichts zu entscheiden, sondern die vielfältigen Eindrücke einige Tage wirken zu lassen und über die Weihnachtsfeiertage abzuwarten. Dann könnten wir ja nochmal reden.

Im Nachhinein war das ein weiser Ratschlag: Meine Frau

und ich kamen in den folgenden Tagen immer wieder auf unsere Tokio-Reise zu sprechen und je weniger Druck auf uns lastete, umso mehr überwogen im Lauf der nächsten zwei Wochen während der Weihnachtsferien positive Aspekte, die sich einem Japan-Besucher erst auf den zweiten Blick erschließen: die wohltuend hilfsbereite, freundliche und höfliche Art der Japaner auch gegenüber Ausländern; die Ordnung, die gewohnte deutsche Verhältnisse noch übertrifft; die Sauberkeit und Sicherheit, die einem das Gefühl geben, sich zu jeder Zeit in der riesigen Stadt frei bewegen zu können; gut ausgebildete internationale Ärzte (teilweise sogar deutschsprachig); die einmalig interessante Kultur sowie herausragend spannende touristische Attraktionen (Museen, Kaiserpalast, Ginza, Kyoto etc.), und natürlich letzten Endes auch eine in Japan hoch angesehene Vertriebsgesellschaft: BMW Japan.

Beim Lesen dieser persönlichen Geschichte wird hoffentlich klar: Dies ist ein Plädoyer dafür, wichtige Entscheidungen im (Familien-)Team, nach reiflicher Überlegung zu treffen und sich dafür ausreichend Zeit zu nehmen. Manchmal braucht es eben einige Tage, um die relevanten Argumente abzuwägen und seine Gefühle zu ordnen, um eine solch weitreichende Entscheidung treffen zu können. Im Januar gelangten wir schlussendlich gemeinsam zur Ansicht, ein Auslandseinsatz in Tokio sei ein durchaus kalkulierbares Abenteuer für eine nicht »japanerprobte« junge Familie, und stimmten der Entsendung motiviert und voller Tatendrang zu.

Diese gemeinsam mit meiner Frau getroffene Entscheidung, mit der Familie für mein Unternehmen ins Ausland zu gehen, war wahrscheinlich die wichtigste in meiner beruflichen Laufbahn überhaupt. Meine Frau hat nicht einfach notgedrungen meiner beruflichen Karriere wegen dem Angebot der BMW AG zugestimmt, sondern wir haben nach reiflicher

Überlegung als Team entschieden, dieses Abenteuer gemeinsam anzugehen. Wenn man aus beruflichen Gründen für einige Jahre in ungewohnte, weit entfernte Länder geht, ist das der alles entscheidende Punkt. Je weiter man wegzieht, umso wichtiger. Wenn man sich darüber nicht von Anfang an einig ist, werden unterschwellige, ungelöste Konflikte nach einigen Monaten des Heimwehs oder der Unzufriedenheit unweigerlich aufbrechen und führen schlimmstenfalls zur Trennung des Partners und zum Verlust der Familie. Die berufliche Karriere wird durch diese existenziellen privaten Sorgen letztlich ebenfalls in Mitleidenschaft gezogen.

In unserem Fall ging in den folgenden Wochen nach der Entscheidung pro Auslandseinsatz alles ganz schnell: Wir belegten in München noch einen Japanisch-Intensivsprachkurs (zehn Samstage), besuchten ein dreitägiges interkulturelles Training und führten natürlich mit japanerfahrenen Bekannten und Kollegen noch einige motivierende Gespräche zum Leben in Tokio. Je mehr wir uns mit Tokio und Japan beschäftigten, umso mehr wuchs die Vorfreude auf den Einsatz, bis es im Juni endlich losging.

Von 1996–1998 verbrachten wir wunderbare und aufregende Jahre in Japan. Unser Sohn wurde dort in einem kleinen Krankenhaus in Jiyugaoka geboren und – auch ein kleines Abenteuer – unsere dreijährige Tochter fuhr jeden Tag mit dem Schulbus von Tokio in den deutschen Kindergarten ins 30 Kilometer entfernte Yokohama. Wir durften eines der interessantesten Länder, eine der faszinierendsten Kulturen der Welt über einen längeren Zeitraum kennenlernen und viele bereichernde Kontakte mit Japanern knüpfen, von denen einige auch nach 20 Jahren noch bestehen. Unter beruflichen Gesichtspunkten war es die wahrscheinlich spannendste und lehrreichste Zeit meiner langen Laufbahn bei BMW mit einem mehr als positiven Einfluss auf meinen weiteren Werdegang.

Die aufregenden Erlebnisse, privat und beruflich, prägen unser Familienleben noch heute und motivierten uns dazu, nach einigen Jahren Aufenthalt in München nochmals einen Auslandseinsatz zu absolvieren, diesmal in Paris / Frankreich.

So weit mein persönlicher Erfahrungsbericht zur Bedeutung des Look & See Trip als ein entscheidendes Instrument zur Entscheidung pro oder contra Auslandseinsatz (insbesondere bei geplanten Einsätzen in »exotische« Länder).

Die in der Regel parallel zur Vorbereitungsphase laufenden Gespräche mit der Personalabteilung zur *Gestaltung des Entsendungsvertrags* dürfte in den allermeisten internationalen Unternehmen auf Basis der Erfahrungen aus mehr als 30 Jahren Auslandsentsendungen professionell und standardisiert organisiert sein. Landesspezifische Fragen zu steuerrechtlichen oder arbeitsvertraglichen Besonderheiten werden oftmals mit Wirtschaftsprüfungsgesellschaften geklärt, sodass der zukünftige Expatriate sich in der Regel, zumindest in größeren Unternehmen, in diese komplexe Thematik nicht detailliert einarbeiten muss, sondern sich auf die fachliche Vorbereitung konzentrieren kann.

Vor Ort im Einsatzland arbeiten die lokalen Tochtergesellschaften ohnehin in der Regel mit spezialisierten Agenturen zusammen, um eine professionelle Unterstützung bei *Wohnungssuche* und *Behördengängen* anzubieten. Die Bedeutung der Auswahl der richtigen Wohnung ist nicht zu unterschätzen. Gilt es doch zu bedenken, dass man beruflich stark eingespannt sein wird und die Familie, gerade die ersten Monate, oft alleine zu Hause sein wird, bis sich der Alltag in der fremden Umgebung eingespielt hat. Kindergarten / Schule, Ärzte, Einkaufsmöglichkeiten sowie ggf. Bekannte aus dem Unternehmen oder der internationalen Gemeinschaft sollten in der Nähe angesiedelt sein. Aus meiner Sicht macht es insbesondere am Anfang eines Auslandseinsatzes keinen Sinn, in Gegenden zu ziehen, wo ausschließlich Einheimische wohnen mit entsprechend lokaler Infrastruktur. Andererseits empfiehlt es sich, darauf zu achten, nicht in einem »Ausländer-Ghetto« zu landen (wenn es die Sicherheitslage im Land zulässt). Bezüglich der Auswahl *Kindergarten / Schule* gibt es in den meisten Großstädten grundsätzlich zwei Alternativen: international oder deutsch. Ersteres kommt in Betracht, falls man weitere Auslandseinsätze plant oder den Nachwuchs auch später im internationalen Umfeld ausbilden lassen möchte. Die / der deutsche Schule / Kindergarten unterrichtet nach deutschem Lehrplan und ist daher eine Alternative, wenn eine Rückkehr nach Deutschland geplant ist und damit verbunden eine Integration des Nachwuchses in das deutsche Schul- und Bildungssystem in Erwägung gezogen wird.

Abschließend noch eine letzte persönliche Anregung zu dieser Phase des Auslandseinsatzes: Trotz aller positiven und aufregenden Erlebnisse im Ausland ist nicht auszuschließen, dass sich bei der Familie nach einigen Monaten der Euphorie auch mal ein Gefühl von Heimweh einstellt. Dann ist es durchaus eine Option, ein paar Wochen Heimaturlaub mit Besuchen bei der Familie oder Freunden einzuplanen, um den Akku wieder aufzuladen und mit frischem Elan die weiteren Monate im Ausland zu anzugehen.

Bei Beachtung all dieser Punkte zur Vorbereitung sind die wichtigsten Rahmenbedingungen geklärt und gute Voraussetzungen für einen erfolgreichen Auslandseinsatz geschaffen.

4.3.2 INTERNATIONALER EINSATZ –
EINIGE PRAGMATISCHE ANMERKUNGEN

Auch wenn der Wechsel innerhalb des eigenen Unternehmens »nur« von einem Standort zum anderen stattfindet, so ist man doch bei der Ankunft im Ausland und in der Vertriebsgesellschaft zunächst mal ein Neuling, ein Fremder in ungewohnter Umgebung. Natürlich freuen sich alle auf die Neue bzw. den Neuen aus der Zentrale und wünschen viel Erfolg. Es tut gut, nach all den Strapazen der Vorbereitung mit offenen Armen empfangen zu werden und man sollte seine Freude über den freundlichen Empfang auch zum Ausdruck bringen gegenüber den lokalen KollegInnen. Als Neuling ist man jedoch gleichzeitig eine Art Eindringling in eine ungewohnte, fremdartige Umgebung mit eingespielten Strukturen, Abläufen und Hierarchien. Neuankömmlinge aus der Zentrale werden daher oftmals auch mit einem gewissen Misstrauen empfangen. Man wird aufmerksam beobachtet – jede Äußerung, jede Handlung hat ein anderes Gewicht als zu Hause in der Zentrale.

Die lokalen KollegInnen sind sich bewusst, dass nur die Besten aus der Zentrale entsandt werden und die natürlich auch etwas verändern sollen und wollen: Projekte vorantreiben, neue Strukturen oder Prozesse einführen oder einfach nur Qualität und/oder Geschwindigkeit des täglichen Geschäfts erhöhen. Und dies erforderlichenfalls mit der »geliehenen Autorität« der Zentrale. Misstrauen, Spannungen und Zurückhaltung im Umgang mit den Expatriates sind die Folge – schlimmstenfalls sogar Widerstand.

Daher sollte man es in den ersten Wochen nach der Ankunft nicht übertreiben mit dem Streben nach Veränderungen, sondern zunächst mal zuhören, sich akklimatisieren, sich ein objektives Bild der Lage vor Ort verschaffen und die lokalen

KollegInnen »mitnehmen«. Oftmals wird man anfangs auch gleich gefragt, wie lange man denn gedenkt zu bleiben. Bloß keine zu konkreten Angaben machen (»zwei Jahre«), da diese sich nur negativ auf die Kooperation der lokalen Mitarbeiter-Innen auswirken wird (»wieder einer, der viel Staub aufwirbelt, Karriere macht und dann verschwindet«).

Respektvoller Umgang mit den neuen KollegInnen und ein nicht zu forsches Auftreten, was die eigenen Forderungen betrifft, sollten selbstverständlich sein, um zunächst eine Vertrauensbasis zu schaffen. Gleichzeitig darf man jedoch auch nicht »japanischer als die Japaner« auftreten, sondern authentisch und durchaus selbstbewusst die Rolle des Gesandten aus dem Mutterunternehmen annehmen. Um beiden Aspekten gerecht zu werden, ist folglich eine Menge Einfühlungsvermögen, aber auch Durchsetzungsstärke notwendig. »Eine erfolgreiche interkulturelle Begegnung setzt voraus, dass die Betreffenden an ihrer eigenen Werthaltung festhalten. Ist dies nicht der Fall, fühlen sie sich entfremdet, und es fehlt ihnen an einem Gefühl der Identität. Dieses Identitätsgefühl aber vermittelt ihnen ein Gefühl von Sicherheit, mit dem man anderen Kulturen offen gegenübertreten kann.«[21]

Fingerspitzengefühl ist gefragt – gerade in den ersten vordergründig unbedeutenden Situationen, wenn nicht alles so rund läuft wie gewohnt. Es sind oft nur Kleinigkeiten, die anfangs vielleicht nicht funktionieren und die einen Neuankömmling schon verwundern, ggf. verärgern können: Das Büro ist noch nicht frei, die Büromöbel sind nicht vollständig, der PC ist nicht angeschlossen oder man steht noch nicht auf der Einladung zu Meetings etc. Etwas Gelassenheit hilft in solchen Situationen, denn in der Regel steckt keine böse Absicht dahinter, sondern

---

[21] Hofstede, S. 477.

oftmals lediglich eine nur unzureichende Vorbereitung der lokalen MitarbeiterInnen.

Mit den ersten gelernten Redewendungen in der Landessprache lassen sich »kleine Wunder« bewirken. Selbst mit nicht immer perfektem Englisch können erste Sympathiepunkte gesammelt werden. Denn auch die lokalen Gesprächspartner sind oftmals nicht perfekt im Englischen – und so paradox das klingen mag, perfektes Englisch kann sogar negativ wirken, da dies in der Kommunikation auf das Gegenüber Druck ausüben oder gar Hemmungen auslösen kann. Wenn man sich jedoch auf Augenhöhe begegnet, ist das für beide Beteiligten angenehmer und sorgt eher für Vertrauen und eine offene Kommunikationskultur. Insbesondere den Deutschen wird ja oft nachgesagt, dass sie in jeder Situation nach Perfektion streben. Ein bisschen Lockerheit kann da auch mal ganz guttun, um das Eis zu brechen.

Ist die Beziehungsebene erst einmal geregelt, lassen sich erfahrungsgemäß auch die Fachthemen konstruktiv angehen und unterschiedliche Interessenlagen zwischen Expatriates und Locals oder zwischen einzelnen Fachfunktionen teamorientiert lösen.

Wie erwähnt wird der Expatriate des Öfteren als Brückenbauer gefordert sein. Ein stabiles Fundament auf beiden Seiten ist hilfreich und tragfähige Argumente zur Lösungserarbeitung sind notwendig. Sanfter Druck mit der geliehenen Autorität der Zentrale kann im Einzelfall ausgeübt werden, sollte allerdings nicht die Regel sein. Nachhaltigen Erfolg erreicht man als akzeptiertes und respektiertes Teammitglied in der Vertriebsgesellschaft und nicht als Sprachrohr der Zentrale.

Die Vernetzung mit der Zentrale sollte dennoch nicht vernachlässigt werden und die zeitlichen Abstände der Kommunikation mit den Konzern-Fachstellen und dem Vorgesetzten nicht zu großzügig bemessen sein. Schnell sind einige Wochen der Einarbeitung vergangen, die Zentrale wird ungeduldig und der erste Statusbericht fällig. Die Teilnahme an Telefon- oder Videokonferenzen, vielleicht sogar erste Reisen in die Zentrale sind zielführend, Herausforderungen gemeinsam mit den Fachstellen des Mutterunternehmens zu besprechen, um rechtzeitig einen Plan zu vereinbaren, wie und wann erste Lösungsansätze zu erwarten sind.

Auch aus lokaler Sicht wird erwartet, dass der Expatriate sein Netzwerk in der Zentrale nutzt, um Lösungen in ihrem Sinn zu erarbeiten. Es bietet sich daher an, KollegInnen der Zentrale von Zeit zu Zeit zur Besprechung komplexer Sachverhalte in die Vertriebsgesellschaft einzuladen: Durch Besuche vor Ort lassen sich die Sinne für die Situation im Land schärfen und die meisten Themen können intensiver und lösungsorientierter besprochen werden als beispielsweise über Mailverkehr oder Videokonferenzen.

Bei allem beruflichen Ehrgeiz ist es selbstverständlich, gerade in den ersten Monaten nach Ankunft besonders an das Wohlbefinden seines Partners bzw. seiner Familie zu denken. Die Belastung für die Familie insbesondere in der Eingewöhnungsphase ist um einiges höher als zu Hause. Einerseits können sich rasch Gefühle wie Langeweile oder Heimweh einstellen, andererseits geraten alltägliche Aufgaben wie Arztbesuche oder Behördengänge schnell zu abenteuerlichen Herausforderungen. Sprachliche Missverständnisse und ungewohnte organisatorische Abläufe sind anfangs nicht zu unterschätzende Herausforderungen. Es fehlen das gewohnte Umfeld, Freunde und Familienmitglieder. Daher ist es wichtig, sensibel mit schwierigen Gefühlslagen aller Beteiligten umzugehen und nicht nur das berufliche, sondern auch ein privates Netzwerk im Land gemeinsam aufzubauen. Dazu sollten nicht nur ausschließlich Kontakte zu anderen Expatriates (Vorsicht vor »Ghettobildung«), sondern auch zur lokalen Bevölkerung in der Nachbarschaft gehören. Gegebenenfalls kann man auch eine berufliche Beschäftigung des Partners in Erwägung ziehen. Über die AHK und ihr Netzwerk lassen sich normalerweise Kontakte mit Unternehmen herstellen, die geeignete Jobs anbieten.

Offenheit für das Land, dessen Gepflogenheiten und Kultur etc. ist essenziell. Nur wer sich öffnet und sich im Land gemeinsam mit seiner Familie wohl fühlt, wird letzten Endes erfolgreich sein.

4.3.3 WIEDEREINGLIEDERUNG BZW. REINTEGRATION IN DIE MUTTERGESELLSCHAFT

Irgendwann kommt für jeden Expatriate der Zeitpunkt, sich über seine Rückkehr in die Konzernzentrale Gedanken zu machen. Erste Schritte zu einer erfolgreichen Reintegration sollten rechtzeitig eingeleitet werden, da es auch bei diesem Prozess einige Stolpersteine zu beachten gibt.

Potenzielle Rückkehrer tun sich sicher leichter, wenn die *Kontakte in die Zentrale* während des Auslandseinsatzes regelmäßig gepflegt wurden und kurzfristig im Vorfeld konkret geplanter Veränderungen aktiviert werden können. Daher gilt auch für diesen Prozess die Grundregel, permanent im Blickfeld wichtiger Entscheidungsträger relevanter Fachfunktionen und des Personalwesens zu bleiben. Das gilt im Übrigen auch für jene Fach- und Führungskräfte, die nach einer Auslandsentsendung im unmittelbaren Anschluss gleich eine weitere in ein anderes Land planen. In diesem Fall sogar noch etwas mehr, da man Gefahr läuft, nach mehreren Jahren im Ausland in der Zentrale »in Vergessenheit« zu geraten.

Idealerweise streben Auslandsrückkehrer mit Übernahme der nächsten Funktion einen Sprung auf der Karriereleiter an. Durch die Auslandserfahrung und die damit verbundenen Kenntnisse im internationalen Management hat man sich einerseits einen wertvollen Vorteil gegenüber Konkurrenten erarbeitet (z. B. durch das Führen von Teams mit unterschiedlichen kulturellen Hintergründen). Andererseits arbeiten in der Zentrale natürlich auch gut ausgebildete MitarbeiterInnen, die sich häufiger direkt vor Ort den maßgeblichen Führungskräften in Meetings, Präsentationen, Projektteams etc. erfolgreich präsentieren können. Wie erwähnt ist daher die regelmäßige Kontaktpflege zu relevanten Entscheidungsträgern essenziell, um bei Auswahlprozessen zur Besetzung von Führungspositionen in der Zentrale (oder ggf. in einem anderen Land) rechtzeitig berücksichtigt zu werden, wenn eine persönliche Veränderung absehbar ist.

Viele internationale Unternehmen arbeiten auch aus diesem Grund mit einem *Mentorenkonzept*. Die Auswahl des Mentors bereits vor dem Auslandseinsatz ist ein wichtiger Baustein zur erfolgreichen Reintegration. Er ist ein wichtiges Bindeglied zwischen Zentrale und Expatriate und kümmert sich persönlich durch regelmäßige Kontakte um ggf. auftretende Schwierigkeiten während des Einsatzes bzw. um mögliche Rückkehrszenarien. Der Mentor sollte einem daher persönlich gut bekannt und im Unternehmen als Führungskraft gut und einflussreich vernetzt sein. Er muss die Übernahme dieser Rolle persönlich wirklich wollen und bereit sein, diese aktiv wahrzunehmen.

Selbst der beste Reintegrationsplan kann jedoch zum vorgesehenen Reintegrationszeitpunkt aus unvorhersehbaren Gründen plötzlich und unverschuldet nicht umsetzbar sein: Betriebliche Belange in der Vertriebsgesellschaft lassen eine Rückkehr des

Expatriate noch nicht zu (z. B. verzögerter Projektabschluss), die geplante Anschlussfunktion existiert nicht mehr (z. B. durch eine Umorganisation), die vorgesehene Anschlussfunktion ist noch besetzt oder die persönlichen Zuständigkeiten der Verantwortlichen haben gewechselt. Zeitliche und/oder funktionale Flexibilität des potenziellen Rückkehrers sind in einem solchen Fall gefordert: Entweder man verlängert seinen Auslandseinsatz nochmals oder man nimmt zunächst einen alternativen Job in der Zentrale an, der vielleicht nicht der Idealvorstellung der ursprünglich geplanten Anschlussfunktion entspricht. Welcher Weg gewählt wird, hängt in erster Linie von der betrieblichen Situation vor Ort (»Sie können erst gehen, wenn das Projekt beendet ist«), den familiären Verhältnissen (ist die Familie bereit, noch mal ein Jahr im Ausland zu verbringen?) und von den alternativen Jobangeboten in der Zentrale ab. In jedem Fall ist es eine schwierige Entscheidung, bei der man situativ, unter Abwägung aller beruflichen und privaten Aspekte mit der nötigen Weitsicht (und Fingerspitzengefühl) vorgehen sollte. Die internationale Personalabteilung ist auch in dieser Phase des Entsendungsprozesses mit Sicherheit ein kompetenter Ratgeber.

An dieser Stelle möchte ich wieder kurz auf meine persönliche Geschichte zurückgreifen. Die Reintegrationen zum Ende meiner beiden Auslandseinsätze in Japan und Frankreich in die Zentrale liefen nicht gänzlich ohne Komplikationen ab. Daran war mein Verhalten nicht ganz schuldlos und ich konnte schließlich einiges daraus lernen.

Beim ersten Mal schlug mein Mentor (ein im Unternehmen hoch angesehener Bereichsleiter) einen weiteren Auslandseinsatz direkt im Anschluss nach dem Japaneinsatz vor – es lockte eine aus beruflicher Sicht reizvolle Aufgabe als kaufmännischer Geschäftsführer einer kleineren Vertriebsgesellschaft in Südostasien. Meine Familie war jedoch dagegen und wollte nach knapp drei Jahren Japan wieder nach Hause und nicht direkt im Anschluss nochmals in eine asiatische Metropole umziehen. Aus heutiger Sicht etwas ungeschickt und unerfahren, suchte ich daher ohne Einbindung meines Mentors nach alternativen Einsatzmöglichkeiten in der Zentrale.

Zum relevanten Zeitpunkt befand sich die BMW Group in einer starken Wachstumsphase, sodass ein gutes Angebot von dort mittels meiner langjährigen Kontakte nicht lange auf sich warten ließ. Ich nahm es an und informierte erst im Anschluss meinen Mentor. Der war überhaupt nicht erfreut über mein eigenmächtiges Handeln und fühlte sich brüskiert, da er sich schließlich für mein persönliches Weiterkommen eingesetzt hatte. Wenn auch letztlich das Ergebnis meiner Reintegration stimmte, so hatte ich in dieser Situation das nötige Fingerspitzengefühl vermissen lassen und fortan an einen Bereichsleiter weniger als Fürsprecher. Dies noch nicht mal mit der Begründung, dass er meine Reintegrationslösung für schlecht befunden hätte, sondern weil ich ihn als meinen Mentor, meine Vertrauensperson, nicht rechtzeitig und ausreichend in die Entscheidung eingebunden hatte. Dies sollte einem in dieser Form, wenn überhaupt, nur einmal in der Laufbahn passieren.

Die zweite Reintegration einige Jahre später als kaufmännischer Geschäftsführer der Vertriebsgesellschaft in Frankreich von Paris nach München verlief wiederum ganz anders. Nach zwei Jahren Auslandseinsatz rief mich die Zentrale wieder in die Heimat zurück, um kurzfristig eine dringend nachzubesetzende Funktion im zentralen Controlling zu übernehmen. Dieses Mal wollte die Familie eigentlich noch bleiben. Wir hatten es uns nicht nur beruflich, sondern auch privat in Paris gut eingerichtet und mit Schule, Bekanntenkreis etc. passte alles. Es ging trotzdem wieder zurück in die Zentrale. Nach einigen Monaten stellte sich dann allerdings heraus, dass die neue Funktion nicht zu mir passte, und ich wechselte bereits innerhalb eines Jahres nochmals den Job in der Zentrale. Auch so etwas kann mal passieren, dennoch war es schade. In diesem Fall war es wohl so, dass beide Seiten, der neue Bereich und ich, sich im Vorfeld des Wechsels aus Frankreich intensiver hätten austauschen können bezüglich der Frage, ob ich tatsächlich der Topkandidat für die Funktion in der Zentrale war oder ob ein etwas längerer Einsatz in Frankreich nicht doch zielführender für Unternehmen und Mitarbeiter gewesen wäre. Zwei Jahre als kaufmännischer Geschäftsführer einer mittelgroßen Vertriebsgesellschaft erscheinen im Nachhinein definitiv etwas kurz.

Wie gesagt, solche Erfahrungen dürfte jeder in der einen oder anderen Phase seiner beruflichen Laufbahn machen. Wichtig ist, die richtigen Schlüsse daraus zu ziehen und es beim nächsten Mal besser zu machen.

Nicht zu unterschätzen ist im Übrigen das Phänomen, dass vereinzelte Mitarbeiter bei ihrer Rückkehr nach einem längeren Auslandseinsatz ins Heimatland bzw. in die Zentrale wiederum mit einer Art *Kulturschock* zu kämpfen haben. Man ist im Mutterunternehmen wieder einer unter vielen, muss sich wieder in altbekannte Unternehmenshierarchien eingliedern und sieht sich unter Umständen mit alten Problemen im privaten und beruflichen Umfeld konfrontiert. In letzter Konsequenz kann das bedeuten, sich kurzfristig wieder für einen Auslandseinsatz zu entscheiden oder sogar dauerhaft auszuwandern, da man das Leben und die berufliche Rolle in internationaler Umgebung mehr schätzen gelernt hat als das Leben im Heimatland in gewohnter Umgebung mit all seinen routinemäßigen privaten wie beruflichen Abläufen.

Entscheidet sich ein Expatriate beispielsweise dafür, im Einsatzland dauerhaft zu bleiben, so kann in der Regel, wenn beide Seiten (Mitarbeiter und Unternehmen) darin einen Vorteil sehen, eine *Lokalisierung* mit der Zentrale vereinbart werden. In diesem Fall wird das Vergütungspaket lokalen Gegebenheiten angepasst und der Expatriate dauerhaft in die Vertriebsgesellschaft integriert.

Im abschließenden Schritt des Entsendungsprozesses sollte es nach erfolgter Reintegration selbstverständlich sein, die Auslandserfahrungen und das gewonnene Wissen in das internationale Personalmanagement zu integrieren sowie an KollegInnen z. B. in Mitarbeiterveranstaltungen weiterzugeben. Gerade der Prozess der Auslandsentsendung lebt sehr stark von aktuellen und persönlichen Erfahrungen der Mitarbeiter im Sinne eines »best Practice Sharing«, aber auch im Sinne des Aufzeigens von persönlich erlebten Herausforderungen und Risiken. Mit der Bereitstellung dieser Informationen zur Vorbereitung der Entsendung zukünftiger Expatriates schließt sich der Kreis.

Bei Interesse bietet es sich an, die gewonnenen interkulturellen Kenntnisse auch nach dem Auslandseinsatz weiter zu vertiefen und sich beispielsweise in internationalen Gesellschaften wie beispielsweise der Deutsch-Japanischen Gesellschaft (DJG) zu engagieren.

4.4 INTERNATIONALER PERSONALAUSTAUSCH IM ZUNEHMEND GLOBALEN UMFELD

Die ernsthafte Auseinandersetzung internationaler Unternehmen mit der intensivierten Bearbeitung ausländischer Märkte und die Nähe zum Kunden vor Ort führten in den letzten Jahren zur Bildung einer neuen Managergeneration. Internationale Einsätze von Mitarbeitern werden zu einer wesentlichen Voraussetzung, um Führungspositionen in globalen Wettbewerb übernehmen zu können. Internationalität und kulturelle Sensitivität der Mitarbeiter werden zu einem der wichtigsten Wettbewerbsfaktoren.

Neben der Entsendung von KonzernmitarbeiterInnen in ausländische Tochtergesellschaften werden zunehmend auch potenzielle Führungskräfte und Spezialisten aus den ausländischen Tochtergesellschaften in Abteilungen der Konzernzentrale eingesetzt (sogenannte Inpatriates) mit dem Ziel, eine dauerhafte Interaktion zwischen Zentrale und internationalen Tochtergesellschaften zu gewährleisten. Im Sinne eines globalen Personalmanagements, einer weltweiten Personalauswahl und -entwicklung, wird das Unternehmen damit nachhaltig in Richtung »International Diversity« bzw. einer globalen Firmenkultur weitergeführt.

Voraussetzung für den Austausch von potenziellen Führungskräften und Spezialisten aus den Tochtergesellschaften mit der Zentrale ist u. a. eine integrierte Karriereplanung mit der Tochtergesellschaft.

MitarbeiterInnen aus dem Ausland scheuen oftmals den Weg nach Deutschland, da man beispielsweise die Sprachbarriere fürchtet: Deutsch als vergleichsweise schwer zu lernende Sprache. Als ein offensichtliches Anzeichen für eine ernstzunehmende Öffnung in Richtung interkulturelles Management kann gewertet werden, dass heute in vielen Konzernzentralen in Deutschland nicht mehr nur vorwiegend Deutsch, sondern auch gleichberechtigt Englisch als Konzernsprache etabliert ist. Eigentlich trivial, für die nachhaltige Integration internationaler MitarbeiterInnen aber von nicht zu unterschätzender Bedeutung.

Darüber hinaus gestaltet sich aus Sicht potenzieller Inpatriates die Rückkehr ins Heimatland nach einigen erfolgreichen Jahren in der Muttergesellschaft oftmals schwierig, da die Anzahl der Jobs für potenzielle Aufstiegschancen in den lokalen Tochtergesellschaften im Vergleich zu den breiten Einsatzmöglichkeiten in der Zentrale eher überschaubar ist. Konkrete Rückkehrszenarien sind daher notwendige Bedingung, um potenzielle ausländische Führungskräfte für einen Einsatz in Deutschland zu motivieren und darüber hinaus an einer Abwanderung zur Konkurrenz im jeweiligen Land zu hindern.

Zur Erweiterung der Möglichkeiten des internationalen Personalmanagements werden zunehmend auch globale Rochaden für Führungskräfte und Fachspezialisten angeboten. Beispiele dafür: Ein in der Vertriebsgesellschaft in Frankreich ausgebildeter Controller mit Führungspotenzial übernimmt die Leitung eines Controlling-Teams in der Muttergesellschaft, um anschließend die »Leitung Finanzen« der Vertriebsgesellschaft Kanada zu übernehmen. Oder ein Fertigungsspezialist in der Montage eines britischen Werks, der beim Aufbau einer Produktionsstätte in den USA geholfen hat, wird anschließend eingesetzt beim Aufbau eines weiteren Werks in Mexiko.

Diese Art von internationalem Personalmanagement, wie sie heutzutage in vielen internationalen Unternehmen gelebt wird, baut auf zwei wesentlichen Grundvoraussetzungen auf: zum einen einer ausgeprägten globalen Flexibilität von (potenziellen) Führungs- und Fachkräften des Unternehmens sowie zum anderen einer Unternehmenskultur im Sinne von bestimmten Werten, die die Zusammenarbeit im Unternehmen auszeichnet und von allen Mitarbeitern weltweit getragen und gelebt wird.

4.5 TENDENZ DES INTERNATIONALEN MANAGEMENTS IN RICHTUNG »GLOBAL PLAYER«

Die aktuelle Entwicklung in internationalen Unternehmen trägt der weiter zunehmenden Internationalisierung Rechnung. Heutzutage sind MitarbeiterInnen in allen Kontinenten in das weltweite Unternehmensnetzwerk eingebunden: In Forschungs- und Entwicklungszentren, regionalen IT- oder Distributionszentren, Dienstleistungsgesellschaften, Produktionsstätten oder Vertriebsgesellschaften erleben sie Internationalität im täglichen Geschäftsablauf. Grenzüberschreitende Einsätze, die vor einigen Jahren noch einen Hauch von Pioniergeist hatten, gehören heute zur internationalen Normalität.

Global agierende Unternehmen stellen sich entsprechend auf und investieren weiter in eigene Standorte verschiedenster Ausprägung:

- *Forschungs- und Entwicklungszentren*, z. B. in den USA, Europa, China, um nicht nur die heutigen, sondern auch die zukünftigen Kundenbedürfnisse frühzeitig in den Produktentstehungsprozess einfließen zu lassen
- *Produktionsstätten* in ausländischen Märkten zur Nutzung von Freihandelszonen durch lokale Produktion vor Ort, zur effizienteren Abdeckung von lokalen Kundenbedürfnissen (»Produktion folgt dem Markt«) sowie zum Ausgleich von Wechselkursrisiken (»natural hedging«)
- *Regionale IT-, Dienstleistungs-, Distributions- oder Trainingszentren* zur besseren Vernetzung und Bündelung von logistischen Warenströmen sowie Sicherstellung des notwendigen regionalen Know-how-Transfers
- *Konzerneigene Vertriebsgesellschaften* in reifen oder wachs-

tumsstarken Märkten zur effizienten und kundenorientierten Marktbearbeitung (globales Marketing; »think global, act local«) sowie *regionale Vertriebsbüros* in Regionen / Märkten mit geringerem Marktvolumen, verhaltenen Wachstumschancen und unsicherer politischer Situation (z. B. Osteuropa oder Mittelamerika)

Kulturelle Vielfalt der Mitarbeiter gilt als ein wesentlicher Faktor eines Diversifizierungskonzeptes neben Geschlecht und Alter / Erfahrung. Viele Unternehmen rekrutieren daher bereits seit einigen Jahren verstärkt Führungskräfte an internationalen Standorten. Eine von allen Mitarbeitern getragene und gelebte Unternehmenskultur spielt eine immer stärkere Rolle.

Internationale Studiengänge zur systematischen Vorbereitung der nächsten Managementgeneration bereiten angehende Führungskräfte auf die Herausforderungen und Aufgaben der international agierenden Unternehmen vor. Die Studieninhalte liegen dabei neben den internationalen Aspekten der klassischen Fächer der Betriebswirtschaftslehre beispielsweise auf cross-cultural Management, internationalen Wirtschaftsbeziehungen, Internationales Wirtschaftsrecht oder Internationales Personalmanagement.

Hofstede sieht auch zukünftig nach wie vor die interkulturelle Vielfalt der Menschen im Mittelpunkt wirtschaftlichen Handelns:

»Populäre Medien legen oft nahe, dass Kommunikationstechnologien wie Fernsehen, E-Mail, Internet und Mobiltelefone Menschen über den Erdball verteilt in ein ›globales Dorf‹ zusammenbringen, wo kulturelle Unterschiede aufhören ein Thema zu sein. Aber diese Dominanz von Technologie über Kultur ist eine Illusion. Die Software der

Maschinen mag globalisiert sein, aber die Software in den Köpfen, die diese bedient, ist es nicht.«[22]

Beispielsweise kann es bei interkulturellen Marketingaktivitäten von entscheidender Bedeutung sein, kulturrelevante Besonderheiten der Absatzmärkte in der Kommunikation mit relevanten Zielgruppen zu berücksichtigen: Produktnamen, Symbole oder Maßeinheiten können verschiedene Bedeutungen in unterschiedlichen Märkten haben, negative Assoziationen bei potenziellen Kunden auslösen und ggf. zur Nichteinhaltung von Gesetzesvorgaben führen.[23] Näheres zu dem Spannungsfeld »weltweite Standarisierung versus lokale Differenzierung« folgt im Kapitel 5.3.

---

[22]   Hofstede, S. 430.
[23]   Vgl. Wenzel, in: https://marketingblatt.com/de/content-marketing/ think-local-act-global-wie-interkulturelles-marketing-funktioniert/; abgerufen am 12.03.2018.

5 MARKTBEARBEITUNG DURCH KONZERNEIGENE VERTRIEBSGESELLSCHAFTEN

5.1 BEDEUTUNG UND ROLLE VON VERTRIEBSGESELLSCHAFTEN

In Zeiten großer politischer, ökonomischer und technischer Veränderungen (Terrorgefahren, Rolle Chinas, Wirtschaftspolitik der Administration Trump, Folgen des Brexits, Digitalisierung) erscheint es umso wichtiger, den permanenten Wandel und dessen Auswirkungen auf die Geschäftsentwicklung internationaler Unternehmen frühzeitig zu erkennen, zu verstehen und die richtigen Schlüsse daraus für die langfristige Unternehmensstrategie sowie die kurzfristigen Ziele und Maßnahmen zu entwickeln. Sämtliche Geschäftsfelder der Wertschöpfungskette von der Produktentwicklung bis hin zum Vertrieb der Produkte und Dienstleistungen sowie Service sind dabei einzubeziehen.

Dynamik und Komplexität der Veränderungen nehmen zu und damit die Notwendigkeit für internationale Unternehmen, schnell und flexibel im harten Wettbewerb zu agieren (und nicht nur zu re-agieren).

Aufbauend auf der prognostizierten Entwicklung der externen und internen Rahmenbedingungen sind die Planungsabteilungen in der Konzernzentrale verantwortlich für die Weiterentwicklung der Unternehmensstrategie sowie die Ausgestaltung der langfristigen Unternehmensplanung. Aufgabe ist es, die Zukunft so genau wie möglich in Zielen sowie daraus resultierend in strategischen und operativen Maßnahmen abzubilden.

Umso wichtiger erscheint es daher aus Konzernsicht, die operativen, internationalen Einheiten, wie z. B. Vertriebsgesellschaften, stringent im Sinne des Konzernzielsystems nachhaltig zu steuern. Das sich permanent und sprunghaft verändernde Kundenverhalten sollte immer zentraler Ansatzpunkt jeglichen wirtschaftlichen Handelns in Vertrieb und Marketing sein.

Vertriebsgesellschaften (manchmal auch als Vertriebs- und Marketinggesellschaften bezeichnet) spielen daher im internationalen Wettbewerb eine ganz entscheidende Rolle und tragen wesentlich zum nachhaltigen wirtschaftlichen Erfolg des Konzerns bei. Ihre Bedeutung als Absatzkanal wächst mit zunehmender Internationalisierung des Unternehmens im Hinblick auf Umsatz und Gewinn.

Darüber hinaus liefern sie durch ihre Nähe zum Markt und damit zum Handel und zum Kunden sowie zu Politik, Behörden, Journalisten etc. wertvolle Marktinformationen zu aktuellen Entwicklungen und Trends (»local intelligence«). Sie sind in dieser Funktion häufig »das Ohr« des Konzerns im Markt.

Organisatorisch sind sie im Regelfall im Ressort »Vertrieb und Marketing« integriert und werden entweder direkt vom zuständigen Vorstandsmitglied oder bei einer regionalen und funktionalen Matrixorganisation disziplinarisch von einem Regionalleiter geführt (zuständig für mehrere Vertriebsgesellschaften einer Region, z. B. Asien, Amerika, Europa). Die fachliche Führung erfolgt in diesem Fall über die zentralen Fachfunktionen (Marketing, Vertriebsplanung, Service u. a.).

Ins Ausland entsandte Expatriates spielen in der Vertriebsgesellschaft eine Schlüsselrolle in geschäftsführender Funktion oder als Fachkräfte in wichtigen Schnittstellenfunktionen wie beispielsweise Controlling, Vertriebsplanung, Marketingplanung, Service oder Logistik. Prinzipiell erfolgt der Einsatz dort, wo der Know-how-Transfer von der Zentrale in die Vertriebsgesellschaft oder Führung im Sinne der Umsetzung von Konzernstrategie, -zielen und -kultur im Vordergrund steht.

5.2 GRUNDSÄTZLICHES ZUR FÜHRUNG VON VERTRIEBSGESELLSCHAFTEN

Die Führung von Vertriebsgesellschaften im Sinne von Planung, Steuerung und Kontrolle der wirtschaftlichen Aktivitäten erfolgt in enger Abstimmung mit der Konzernleitung und den Fachstellen der Zentrale, um eine cross-funktionale Stimmigkeit der Aktivitäten auf lokaler Ebene sicherzustellen.

Nach außen vertritt die Leitung der Vertriebsgesellschaft das Unternehmen vor Ort auf Basis des Wertegerüsts des Unternehmens gegenüber Gesellschaft, Behörden, Wirtschaft und Politik sowie in erster Linie natürlich gegenüber der lokalen Handelsorganisation.

Nach innen gerichtet ist die Leitung der Vertriebsgesellschaft verantwortlich für

- die Vereinbarung und Umsetzung der Marktstrategie,
- das Erreichen operativer Absatz-, Umsatz-, Ergebnis- und Kostenziele sowie
- die Umsetzung weiterer qualitativer Ziele (wie z. B. Markenimage, Kundenzufriedenheit).

Voraussetzung für eine zielorientierte Führung von Vertriebsgesellschaften ist die einheitliche Organisation innerhalb des Unternehmens, also einheitliche Strukturen, Abläufe und Zuständigkeiten, um die notwendige Transparenz und klar definierte Schnittstellen zwischen den einzelnen Funktionen sicherzustellen.

In Abhängigkeit von Größe und Organisation des Mutterunternehmens, von Produktangebot und Marktumfeld dürften die Vertriebsgesellschaften in den meisten Fällen funktional organisiert sein auf Basis folgender Kernfunktionen (ggf. auch divisional bei Mehrproduktunternehmen):

- Vertrieb und Marketing:
  - Import und Wareneingangslager
  - Absatzplanung und -steuerung
  - Produkt- und Preisplanung
  - Kommunikation und Veranstaltungen
  - Operativer Vertrieb und Area Management
- Öffentlichkeitsarbeit/PR
- Finanzen und Verwaltung:
  - Rechnungswesen, Finanzen, Steuern/Zölle
  - Controlling
  - Personalwesen
  - Einkauf
  - Informationstechnologie (IT)
  - Recht
- Handelsentwicklung:
  - Händlernetzentwicklung
  - Qualifizierungsprogramme und Training
  - Kundenkontaktprogramme
- Service:
  - Kundendienst
  - Ersatzteile und Logistik

Abhängig von den lokalen Rahmenbedingungen kann die eine oder andere Funktion, die nicht zu den wesentlichen Kernaufgaben gehört oder sehr spezielles Fachwissen benötigt, ggf. an externe Dienstleister ausgelagert werden (z. B. Lagerhaltung, Rechtsberatung).

Zunehmende Unsicherheit und Volatilität der Märkte einerseits sowie wachsende technische Möglichkeiten der Datenaufbereitung (Digitalisierung) andererseits können latent zu zwei Risiken der suboptimalen Steuerung von Vertriebsgesellschaften führen:

- Zentralisierungstendenz im Sinne von strikten Handlungsanweisungen der Zentrale an die Vertriebsgesellschaft
- Übersteuerung und damit Überforderung der Vertriebsgesellschaft durch zu viele unterschiedliche Steuerungsgrößen (»Datenflut«)

In beiden Fällen werden Handlungsfreiheit und unternehmerische Verantwortung des lokalen Managements für die operative Steuerung der Tochtergesellschaft stark beeinträchtigt.

Im ersten Fall der *Zentralisierung* weist die Zentrale an, was zu tun ist. Das Führungsteam vor Ort ist lediglich »Befehlsempfänger« und setzt die Vorgaben aus der Zentrale um. Eine riskante Vorgehensweise, da man die Fach- und Führungskompetenzen des lokalen Managements stark einschränkt, was sich wiederum demotivierend auf die Führungsmannschaft auswirken kann und die Marktkenntnisse vor Ort nur unzureichend in den Steuerungsprozess einbezieht. Man sieht sich nicht mehr als Verantwortlicher, sondern lediglich als ausführendes Organ. Wenn überhaupt, sollte man eine solche Vorgehensweise lediglich in existenzbedrohenden Krisensituationen temporär befristet umsetzen, wenn die Unternehmenslage keine anderen Handlungsoptionen zulässt (z. B. während der weltweiten Finanzkrise 2008/09).

Im zweiten Fall der Übersteuerung durch zu viele *Ziele bzw.*

Steuerungsgrößen versucht man, die unsichere Zukunft möglichst genau durch eine Vielzahl von Kennzahlen (oder Key Performance Indicators, KPIs) abzubilden und entsprechend detailliert zu steuern. Jede Fachabteilung der Zentrale gibt ihre eigenen Ziele vor, die in der Vertriebsgesellschaft umgesetzt werden sollen. Sie führen dort zu einem immensen Abstimmbedarf und nicht immer zu einer stringenten und fokussierten Vorgehensweise aller Beteiligten. Es fehlt in der Regel an einer klaren Zielhierarchie. In letzter Konsequenz kann diese Vorgehensweise zu einem Auseinanderdriften des Führungsteams führen (»jeder kocht sein eigenes Süppchen«) mit entsprechender Unruhe im Team, unklarer Ausrichtung der Vertriebsgesellschaft im Markt und damit einhergehend auch unklarer Steuerung der nachgelagerten Handelsorganisation bis hin zur unprofessionellen Kundenansprache vor Ort, da die Wirkzusammenhänge zwischen der Vielzahl der Kenngrößen oftmals nicht ausreichend von allen Prozessbeteiligten erkannt und gesteuert werden können.

Nach meiner Erfahrung sind daher bei der Steuerung von Vertriebsgesellschaften drei einfache, pragmatische Prinzipien zu berücksichtigen:

- Konzentration auf einige wenige, für den Unternehmenserfolg bedeutsame, transparente und letztlich auch eindeutig messbare Ziele, die unmittelbar auf ein definiertes Unternehmensziel wirken (wie z. B. profitables Wachstum oder Absatzführerschaft). Die Definition der Ziele erfolgt im *Zielableitungsprozess* über zentrale Fach- und Zielgeber-Funktionen, deren Abbildung anschließend z. B. über das Instrumentarium der Balanced Score Card (BSC).
- *Stufenweiser integrativer Planungsprozess*, in dem die Betei-

ligten der Zentrale und der Vertriebsgesellschaft als Partner agieren und einen gemeinsam getragenen Quartals- oder Jahresplan vereinbaren, dessen Maßnahmen zur Erreichung der Unternehmensziele beitragen (*Budgetierungsprozess*). Eine gemeinsame Vereinbarung der Jahresplanung durch alle Beteiligten ist für die nachhaltige Umsetzung der Jahresplanung entscheidend. Ansonsten verlagert man latent vorhandene Konflikte auf spätere Zeitpunkte und muss ggf. Fehlsteuerungen durch kurzfristige, unterjährige Maßnahmen korrigieren.

- Unterjährige Überprüfung der Ziele und Maßnahmen, durch Abgleich der aktuellen Ist-Werte mit den Planungswerten, um erforderlichenfalls auf Marktveränderungen vor Ort flexibel reagieren zu können (*Forecastprozess*).

Ein interessantes Instrument zur Einordnung der Leistungsfähigkeit einer Vertriebsgesellschaft sind *Kennzahlenvergleiche mit anderen Vertriebsgesellschaften*. Unter Beachtung der speziellen Marktverhältnisse lässt sich ein transparentes Ranking erstellen, welches möglichen Handlungsbedarf im Quervergleich mit anderen Vertriebsgesellschaften aufzeigt und als Basis für tiefergehende Diskussionen zwischen Zentrale und Vertriebsgesellschaft dient. Aussagekräftige Kennzahlen zur betriebswirtschaftlichen Steuerung sind beispielsweise:

- *Relative Wettbewerbsposition* (Absatzvolumen im Vergleich zum Wettbewerb)
- *Ergebnisqualität* (Deckungsbeitrag pro Stück / Produktgruppe / Vertriebskanal)
- *Effizienter Ressourceneinsatz* (Gemeinkosten in Relation zum Nettoumsatz)

Natürlich lassen sich durch Marktforschung auch noch weitergehende Kennzahlen zur Bewertung der qualitativen Leistungsstärke der Vertriebsgesellschaft vor Ort ermitteln. Häufig werden folgende Kennzahlen gemessen und in Relation zum Wettbewerb und zu internen Zielsetzungen bewertet:

* *Markenimage* (gemessen an den definierten Markenzielen des Unternehmens)
* *Kundenzufriedenheit* (gemessen über verschiedenartige Kundenbefragungen wie z. B. den Net Promoter Score, NPS)

Diese Kennzahlensystematik lässt sich gemäß Zielsystem des Unternehmens in Breite und Tiefe weiterentwickeln. Entscheidend ist aus meiner Sicht, dass man den Erfolg der Vertriebsgesellschaft anhand von relevanten Vergleichsgrößen direkt und zeitnah messen kann, um möglichst kurzfristig Handlungsoptionen und Maßnahmen ableiten zu können. Relevante Vergleichsgrößen sind:

* Aktuelle und belastbare Wettbewerbsdaten (Wettbewerbsposition)
* Intern vereinbarte Zielgrößen (Zielerreichungsgrad)
* Aussagekräftige Vergangenheitswerte (Zeitreihenanalyse)

5.3 HERAUSFORDERUNG STANDARDISIERUNG VERSUS DIFFERENZIERUNG

Die Frage nach dem optimalen Standardisierungs- bzw. Differenzierungsgrad im Markt wird sich allgemeingültig kaum lösen lassen, da internationale Unternehmen mit diversen Unternehmens-, Marken- , Vertriebs- und Marketingstrategien in unterschiedlichen Markt- und Wettbewerbssituationen und heterogenen Zielgruppen tätig sind.

Ein häufig kontrovers diskutiertes Beispiel für den Integrationsbedarf von Aufgabenumfängen zwischen Zentrale und Vertriebsgesellschaft oder auch zwischen den Vertriebsgesellschaften untereinander ist die Gestaltung von Marketing-Kommunikation (z. B. Werbung). An dieser Stelle wird das *Spannungsfeld zwischen weltweiter Standardisierung und lokaler Differenzierung* im Rahmen des internationalen Marketings besonders deutlich.[24]

Für eine weitgehende *Standardisierung bzw. Globalisierung* der Kommunikationsaktivitäten sprechen Kostendegressionseffekte, einfachere Koordination und Kontrolle der Maßnahmen, schnellere Einführung von Produktneuheiten im Markt, Nutzung länderübergreifender Lern- und Ausstrahlungseffekte, Rationalisierung interner Prozesse und, am wichtigsten, die Sicherstellung eines weltweit einheitlichen Werbeauftritts sowie in letzter Konsequenz ein konsistentes Markenimage.

Dagegen wird oftmals aus Sicht der Vertriebsgesellschaften vor dem Hintergrund unterschiedlicher Informations- und Kommunikationsbedürfnisse der relevanten Zielgruppen die Notwendigkeit einer *lokalen Differenzierung* betont. Aufgrund mangelnder Akzeptanz des lokalen Managements können zentrale Ansätze in der Organisation häufig nicht durchgesetzt werden (»Not invented here«-Syndrom; Angst vor Kompetenzverlust). Argumentiert wird über Unterschiede der Medienstruktur (unterschiedliche lokale Bedeutung und Relevanz beispielsweise von TV oder Internet) sowie rechtliche und kulturelle Einschränkungen (z. B. religiöse Aspekte, unterschied-

---

[24] Vgl. zu den folgenden Ausführungen dieses Kapitels und zur weiteren Vertiefung Bruhn, S. 348ff.

liche Auffassungen von Humor, unterschiedliche Bedeutung von Symbolen oder Farben).

Ein Beispiel zum Einsatz einer sinnvollen Differenzierungsstrategie der internationalen Kommunikation bei Louis Vuitton soll verdeutlichen, wie Details zum Erfolg oder Misserfolg einer Kommunikationsmaßnahme beitragen können:

»Eine Differenzierungsstrategie verfolgte auch das Unternehmen Louis Vuitton in seinem Online-Kommunikationsauftritt zur Fußballweltmeisterschaft 2010. Zu dieser Zeit warb das Unternehmen mit der Fußballlegende Diego Maradona in verschiedenen Ländern. Hierzu wurde die Website-Gestaltung insbesondere in China an länderspezifische Besonderheiten leicht angepasst. Das Bild von Maradona wurde zwar auf den verschiedenen Websites in der Mitte der Seite platziert, jedoch unterschied sich das Bild jeweils. Hintergrund dieser bewussten Entscheidung von Louis Vuitton war die kulturell unterschiedliche Auffassung von menschlichen Beziehungen. In der chinesischen Kultur werden menschliche Beziehungen als harmonisch und nicht konkurrierend angesehen. Das Bild auf der Website widersprach dieser Ansicht, indem es Maradona mit einem eher aufsässigen, verachtungsvollen Blick zeigte. Für die chinesische Homepage wurde dagegen ein Bild gewählt, auf dem Maradona mit einem zufriedenen, freundlichen Lächeln abgebildet ist.«[25]

Grundsätzlich sind verschiedene Organisationsmodelle denkbar, die von einer Zentralisierung sämtlicher Kompetenzen in der Zentrale (Vertriebsgesellschaften lediglich als Ausfüh-

---

[25] Bruhn, S. 352.

rungsorgane) bis hin zur dezentralen Ressourcenverteilung und Verantwortungsdelegation an die Vertriebsgesellschaften führen. Ein pragmatisches Vorgehen, wie dieser latent vorhandene Konflikt zwischen Zentrale und Vertriebsgesellschaft in Richtung einer allgemein anerkannten Lösung aufgelöst werden kann, ist eine organisatorisch institutionalisierte Zusammenarbeit zwischen Vertretern der zentralen Marketingfachbereiche und Vertretern der Vertriebsgesellschaften (integriertes Netzwerk zwischen Zentrale und Vertriebsgesellschaft). In den beispielsweise quartalsweise organisierten »Marketing Council«-Meetings werden u. a. sowohl Innovationen entwickelt und die Ausgestaltung geplanter internationaler Kampagnen abgestimmt als auch notwendige lokale Adaptionsmöglichkeiten besprochen.[26]

5.4 OPERATIVE FÜHRUNG DER VERTRIEBSGESELLSCHAFT (JAHRESPLANUNG UND FORECAST)

In der Regel werden Ziele sowie Maßnahmenplan (inkl. Ressourcen) auf Basis zentral vorgegebener Prämissen im Rahmen der *Jahres- oder Budgetplanung* einmal jährlich zwischen zentralen Fachfunktionen, der disziplinarischen Führung (z. B. Regionalleiter oder Vertriebsvorstand) und der Führungsmannschaft der Vertriebsgesellschaft vereinbart. Die Planungen umfassen alle Geschäftsbereiche der Vertriebsgesellschaft wie Absatz, Produkt / Preis, Marketing / Kommunikation, Händlernetzentwicklung, Vertrieb, Service / Kundendienst und Fi-

---

[26] Vgl. zum Beispiel Beiersdorf AG bei Bruhn, S. 359.

nanzen auf Basis entsprechender Kennzahlen, sogenannter KPIs (Key Performance Indicators).

Dieser Planungsprozess für das folgende Jahr kann sich vom Sommer bis in den Winter durchaus einige Monate hinziehen. Folgende Schritte sind bei der detaillierten Ausplanung notwendig:

- Prämissenvorgabe und Zielableitung durch zentrale Fach- und Planungs-/Controlling-Abteilung (»top-down«)
- Ausplanung der Maßnahmen und erforderlicher Ressourcen zur Zielerreichung in der Vertriebsgesellschaft (»bottom-up«)
- Vereinbarung des Jahresplans für die Vertriebsgesellschaft zwischen den Entscheidungsträgern der Zentrale und der Vertriebsgesellschaft

Ausgehend von der Unternehmensstrategie sowie der langfristigen Unternehmensplanung der einzelnen Bereiche werden die zentralen *Planungsprämissen* (z. B. extern: volkswirtschaftliche Annahmen wie Inflations- oder Wechselkursentwicklungen; intern: Produktanläufe) sowie *zentrale Jahresziele* (z. B. Absatzziele Produktreihe X; Ergebnisziel Sparte Y; qualitative Ziele) von den zentralen Fachstellen erarbeitet und vom Vorstand im Sommer für das Folgejahr verabschiedet. Diese werden den operativen Einheiten, u. a. den Vertriebsgesellschaften, als Grundlage ihrer Jahresplanung in den darauffolgenden Wochen zur Verfügung gestellt.

Die Ausplanung in der Vertriebsgesellschaft erfolgt in der Regel bis Oktober auf Basis der zentralen Vorgaben unter Berücksichtigung der lokalen Rahmenbedingungen (z. B. politische und wirtschaftliche Veränderungen, Wettbewerbssituation, zur Verfügung stehende Ressourcen vor Ort). Nach *Berücksichtigung der aktuellen lokalen Marktentwicklung* können

sich durchaus unterschiedliche Einschätzungen der zukünftigen Geschäftsentwicklung im Land zwischen Zentrale und
Vertriebsgesellschaft ergeben. Es beginnt nun eine wichtige
Phase des Planungsprozesses: das Ringen aller Beteiligten um
den bestmöglichen Ziel- und Maßnahmenplan für das folgende Jahr, der sowohl die zentralen als auch die lokalen Sichtweisen gleichermaßen berücksichtigt.

Während die Zentralstellen den Fokus eher auf die Umsetzung der zentral abgeleiteten Ziele, Stabilität und Genauigkeit
der Planung sowie Stringenz der Daten / Informationen legen,
sieht das Team der Vertriebsgesellschaft zunächst mal die Herausforderungen des Wettbewerbs sowie die Notwendigkeit,
schnell und flexibel auf diese mit lokalen Maßnahmen reagieren zu können: »Der Wettbewerb ist hervorragend aufgestellt,
hat die aktuelleren Produkte mit besseren Preisen und deutlich
mehr Ressourcen zur Verfügung.«

Rasch können aus dieser unterschiedlichen Interessenlage
interne Konfliktsituationen entstehen, wenn beide Seiten auf
ihrem Standpunkt beharren und nicht bereit sind, ein Stück
weit aufeinander zuzugehen. Im schlimmsten Fall endet der
Planungsprozess an dieser Stelle mit der Aussage der Vertriebsgesellschaft »give us the targets and let's go back to work!« –
oder mit einem »Zielebrief«, einer Anweisung der Zentrale.

Bevor es so weit kommt, dass zwei Parteien so miteinander
oder besser neben- oder übereinander kommunizieren, sollte
immer der Teamgedanke an erster Stelle stehen mit dem Anspruch, die unterschiedlichen Interessenlagen und Emotionen
in einen gemeinsam getragenen Jahresplan zu integrieren.
Transparenz, Wertschätzung, gegenseitiger Respekt und die
Offenheit, auch mit unbequemen Themen konstruktiv umzugehen, sind unabdingbare Voraussetzungen, um gemeinsam
sowohl die Stärken der zentralen Fachstellen als auch jene des

lokalen Teams in eine Richtung, nämlich die des nachhaltigen wirtschaftlichen Erfolgs des Unternehmens im jeweiligen Land, zu bringen.

Dies schafft man nur schwer und unzureichend nachhaltig über E-Mails, Telefonate oder Videokonferenzen. Zielführender ist in jedem Fall nach meiner Erfahrung, wenn sich alle Beteiligten ausreichend Zeit für ein *»Jahresplanungsmeeting«* nehmen (mindestens einen Tag), um zumindest die wichtigsten strittigen Themen detailliert zu besprechen. Als Zeichen der Wertschätzung gegenüber dem lokalen Team sowie dessen Leistung am besten vor Ort in der Vertriebsgesellschaft.

Für das Managementteam einer Vertriebsgesellschaft ist das Jahresplanungs-Meeting *die* jährliche Plattform, sich zu präsentieren, die Situation im Markt fundiert darzustellen sowie die zukünftige Ausrichtung konstruktiv und nachhaltig zu vereinbaren: Ziele, wichtige Projekte bzw. Handlungsfelder sowie damit einhergehend operative Maßnahmen und Ressourcen für das Folgejahr werden konkret gemeinsam entschieden. Die Zentrale bekommt letztendlich damit einen *nachhaltigen »Buy-in« der Vertriebsgesellschaft.*

Der Motivationsaspekt einer solchen Veranstaltung gerade für das lokale Management ist nicht zu unterschätzen – kann man doch hochrangigen Mitgliedern aus der Konzernzentrale direkt aus seinem Markt berichten und gemeinsam Pläne für eine erfolgreiche Zukunft besprechen. Auch für die beteiligten Expatriates bietet sich eine hervorragende Gelegenheit, ihr Netzwerk zu pflegen und auf ihren Leistungsstand aufmerksam zu machen (ein wesentlicher Baustein für die Einleitung einer späteren erfolgreichen Reintegration in die Zentrale).

Die Vorteile sowie Einfachheit dieses Prozesses dürften jedem Beteiligten klar sein. Trotzdem geraten mit fortschreitender Digitalisierung (u. a. »E-Mail-Pingpong«) und den immer enger getakteten Zeitfenstern für solche Prozesse die zwischenmenschlichen Aspekte etwas in den Hintergrund. Mit aus meiner Sicht problematischen Folgen: Schwierige komplexe Themen werden nur oberflächlich andiskutiert, schwelende Konflikte nicht nachhaltig gelöst. Durch die Konzentration auf kurzfristige Erfolge besteht die Gefahr einer langfristig suboptimalen Steuerung, da unter Umständen strategisch wichtige Projekte auf die lange Bank geschoben werden. Demotivation bzw. Frustration des lokalen Managements kann die Folge sein.

Zuhören, ein konstruktives Gespräch im Team vor Ort, kann Missverständnisse verhindern sowie Kräfte und Emotionen freisetzen, die alle an einem Strang ziehen lassen. Mit einigen Stunden Zeitinvestition und überschaubaren Reisekosten lassen sich in den meisten Fällen nachhaltigere und profitablere Lösungen erzielen.

Konnte trotz alledem keine Einigung auf einen gemeinsamen Weg für das Folgejahr im Regelprozess bis November erzielt werden, bietet sich eine zusätzliche Planungsrunde, sogenannte »Target Closing Workshops« an. Die zur Verfügung stehende Kompetenz der Beteiligten und hoffentlich auch deren guter Willen werden nochmals im Sinne einer »Task Force« gebündelt aktiviert. Unter engen Zeitvorgaben untersuchen Experten aller beteiligten Fachstellen alternative Lösungsalternativen auf der Umsatz- und Kostenseite zur schrittweisen Annäherung an die Zielvorgaben – alles kommt auf den Prüfstand (»out-of-the-box thinking«). Schließlich trifft man sich nach einigen Wochen ein zweites Mal mit dem Management, um mögliche konkrete Maßnahmen zur Zielerreichung zu vereinbaren. Diese können abhängig von der Art der Zielkonflikte beispielsweise eine geänderte Produkt-/Preispositionierung, ein verbesserter Modellmix zur Deckungsbeitragserhöhung oder auch ein Kostensenkungsprogramm sein.

Auf die Jahresplanung folgt im nächsten Schritt die *innerjäh-rige Steuerung – das Monitoring bzw. das Nachhalten – der Umset-zung der vereinbarten Maßnahmen*. Auf Basis der monatlichen Ist-Werte bezüglich der wichtigsten Kennzahlen wie Absatz, Umsatz und Deckungsbeitrag sowie der durch die Maßnahmen verursachten Kosten wird im Rahmen eines Forecast-Prozesses etwa alle vier Monate analysiert, ob die Vertriebsgesellschaft sich auf dem richtigen Weg zur Erreichung der Ziele bewegt. Auch die Erreichung von qualitativen Zielen wird anhand von Steuerungsgrößen regelmäßig gemessen (z. B. Kunden- oder Händlerzufriedenheit; Umsetzung eines Projektes innerhalb des vereinbarten Zeitplans).

Gegebenenfalls sind kurzfristig und situativ Anpassungen sowohl auf der Maßnahmen- als auch auf der Zieleseite vor-zunehmen (z. B. bei signifikanten Veränderungen der Wett-bewerbssituation), um eine Fehlsteuerung aufgrund geänderter Rahmenbedingungen rechtzeitig gegensteuern zu können. Das Gleiche gilt selbstredend für im Markt auszurollende Projek-te in strategischen Handlungsfeldern mit dem Schwerpunkt Qualifizierung und Standardisierung (z. B. Handelsentwick-lung, IT-Infrastruktur).

Ein gutes Beispiel dafür, wie herausfordernd die Umsetzung notwendiger Anpassungen der Jahresplanung sein kann, ist die *Schnittstelle zwischen Absatz- und Produktionsplanung*. Dort prallen im Unternehmen zwei unterschiedliche Interessenla-gen unmittelbar aufeinander: Während die zuständigen Fach-stellen des Vertriebs und der Absatzplanung möglichst flexibel und rasch auf veränderte Kundenwünsche bzw. Marktverhält-nisse reagieren wollen, sehen die Fachstellen der Produktions-planung zunächst die stabile und gleichmäßige Auslastung der Produktionsstandorte sowie die Effizienz der Produktionspro-zesse als primäres Ziel. Auch die Einkaufsabteilung wünscht sich eher Stabilität im Einkaufsprozess bei Komponenten und Teilen, da sie meist an längerfristige Lieferverträge mit Lieferanten gebunden ist. Die Finanzabteilung legt den Fokus primär auf die Reduzierung von Komplexität zur Steigerung der Effizienz der Prozesse. Bei innerjährigen Anpassungen wird man seitens der Vertriebsgesellschaft also oftmals auf Widerstände der Zentrale treffen. Im Spannungsfeld zwischen Flexibilität und Stabilität ist daher ein transparentes und aktives Zusammenwirken aller beteiligten Fachstellen im Sinne einer integrierten Unternehmensplanung, -steuerung und -kontrolle zwingende Voraussetzung für ein erfolgreiches wirtschaftliches Handeln im internationalen Unternehmen.

Letztendlich bilden die aktualisierten Erkenntnisse Mitte des Jahres wiederum im Sinne eines rollierenden Prozesses die Grundlage für die nächste Jahresplanung des Folgejahres.

5.5 BESONDERHEITEN BEI DER STEUERUNG VON IMPORTEUREN ÜBER REGIONALE VERTRIEBSBÜROS

Wie im Kapitel 3.2 bereits dargestellt, kann man unter bestimmten Voraussetzungen die Marktbearbeitung über ein regionales Vertriebsbüro mit selbstständigen Handelspartnern, sogenannten Importeuren, in Betracht ziehen. Relevante Rahmenbedingungen können sein: instabile politische und wirtschaftliche Situation im Land, geringes Marktvolumen mit geringen Wachstumschancen. Dem regionalen Vertriebsbüro werden als Bindeglied zwischen Zentrale und Importeur in der Regel mehrere Märkte etwa mit regionalen Schwerpunkten zugeordnet (z. B. Vertriebsregion Osteuropa, Mittlerer Osten, Südostasien, Lateinamerika).

Aus Sicht der Zentrale wird ein Vertriebsbüro gesteuert wie eine Vertriebsgesellschaft. Ziele und Aufgaben sind prinzipiell die gleichen. Die Aufbauorganisation entspricht daher grundsätzlich derjenigen einer Vertriebsgesellschaft, wenn auch mit deutlich weniger Personal, da einige der marktspezifischen Funktionen zum Importeur ausgelagert werden.

Der Importeur vor Ort übernimmt auch einen Großteil der notwendigen Investitionen im Markt. Als selbstständiger Unternehmer ist er im disziplinarischen Verhältnis zum Vertriebsbüro und zur Konzernzentrale nicht unmittelbar weisungsgebunden, trägt allerdings einen Großteil der Marktrisiken und schöpft dafür auch einen angemessenen Anteil des Gewinns im Markt ab.

Die *Auswahl eines Importeurs* als Marktvertreter vor Ort ist eine strategische Unternehmensentscheidung und sollte daher stets auf langfristigen Überlegungen basieren. Im Kern geht es um die Klärung der Fragestellung, ob der Bewerber zum Unternehmen passt und man ihm zutraut, das Unternehmen im Markt strategisch und operativ entsprechend den vorgegebenen Zielen zu vertreten. Die Selektion wird von den Fachstellen des Vertriebsbüros anhand eines strukturierten und mehrstufigen Auswahlprozesses vorbereitet und vom Management des Vertriebsbüros in Abstimmung mit der Zentrale mittels nachfolgender Entscheidungskriterien durchgeführt:

- Unternehmensprofil des Bewerbers (Eigentümerstruktur, finanzielle Situation, Unternehmenskultur)
- Aktuelle Aktivitäten des Bewerbers im Markt (wirtschaftliches und politisches Netzwerk, Branchenkenntnis, Vertretung konkurrierender oder komplementärer Marken)
- Konzept des Bewerbers zur zukünftigen Marktbearbeitung (Strategie, konkreter und solider Geschäftsplan für die

nächsten Jahre mit fundiertem Business Case, geplante Investitionen)

Nach erfolgter Auswahl des Partners vereinbaren beide Parteien als Grundlage der gemeinsamen Geschäftsaktivitäten einen *Importeursvertrag* zwischen dem regionalen Vertriebsbüro (als Vertreter des Mutterunternehmens) und Importeur. In Abstimmung mit den Rechtsabteilungen beider Parteien werden darin sämtliche Aspekte der Zusammenarbeit geregelt. Die Laufzeit des Vertrags sollte zeitlich befristet sein, je nach Situation im Land auf bis zu fünf Jahre, mit Optionen zu Änderungen, Verlängerung oder auch Kündigung nach Ablauf der Laufzeit. Idealerweise sollten Verträge mit einer Laufzeit von ca. zwei bis drei Jahren vereinbart werden, da mit Übernahme der Importeursfunktion beim Partner Investitionen und Kosten ausgelöst werden, die sich naturgemäß nicht umgehend in den ersten Monaten der Zusammenarbeit amortisieren (Infrastruktur, Personal, Marketing etc.). Kürzere Laufzeiten sind zu empfehlen, wenn in absehbarer Zeit ein Wechsel des Partners oder die Marktbearbeitung durch eine eigene Vertriebsgesellschaft angestrebt wird. Eine längere Laufzeit bis zu fünf Jahren kann im Sinne der Planungssicherheit für den Importeur sinnvoll sein, wenn größere Investitionen im Markt notwendig sein sollten und man sich sicher ist, dafür den richtigen Partner gefunden zu haben (z.B. flächendeckender Ausbau des Händlernetzes).

Im laufenden Betrieb liegen die Aufgabenschwerpunkte eines regionalen Vertriebsbüros in der Vereinbarung von Zielen und Maßnahmen sowie der *Unterstützung und Qualifizierung* des Importeurs bei:

- Ausgestaltung des Händlernetzes und der Infrastruktur (Prozesse, IT-Systeme, Personal)
- Service / Teilelogistik
- Qualifizierung / Training der Handelsorganisation
- Marketing-Mix inklusive Produkt-/Preisplanung
- Vertriebssteuerung (mit Lieferplanung und innerjährigen Vertriebsmaßnahmen)

Einmal jährlich werden diese in einem *Geschäftsplan* für das folgende Geschäftsjahr vereinbart und im innerjährigen Steuerungsprozess nachgehalten (analog zur Vorgehensweise bei Vertriebsgesellschaften). Darüber hinaus erfolgt eine regelmäßige Überprüfung der Finanzkennzahlen des Importeurs, um etwaige finanzielle Schieflagen frühzeitig zu erkennen und Gegenmaßnahmen einleiten zu können.

Wie bereits erwähnt, liegt die *Besonderheit der Zusammenarbeit* bei diesem Geschäftsmodell darin, dass man mit selbstständigen Handelspartnern kooperiert, die im Unterschied zur Vertriebsgesellschaft nicht direkt weisungsgebunden sind. Vordergründiges »Druckmittel« bei gravierenden Meinungsverschiedenheiten zur Marktbearbeitung oder bei mehrmaliger Verfehlung der vereinbarten Ziele ist die Kündigung des Importeursvertrags. Diese ist in der Realität aufgrund juristischer Fragestellungen im Land oftmals nur schwierig umsetzbar und ggf. mit langwierigen Gerichtsverfahren oder vergleichsweise hohen Kompensationszahlungen verbunden. Eine einseitige Vertragskündigung ist daher nur als »ultima ratio« in Erwägung zu ziehen. Letzten Endes ist dies auch eine Frage der Alternativen vor Ort: Gerade in jenen Ländern, wo dieses Marktbearbeitungsmodell Anwendung findet, tut man sich oftmals schwer, kurzfristig geeignetere Handelspartner zu finden. Schon bei Vergabe des Importeurvertrags sollte man sich daher sicher sein, wen man sich da als Partner für die nächsten Jahre ins Boot holt.

Primär stehen daher bei dieser Form der Marktbearbeitung die positive Motivation und Qualifizierung der Importeure im Vordergrund. Langfristige Geschäftsbeziehungen, geprägt von gegenseitigem Vertrauen und Respekt, sowie natürlich nachhaltig positive Gewinnerwartungen auf beiden Seiten bilden die primäre Geschäftsgrundlage.

Im Rahmen der operativen Steuerung der Importeurs ist es zunächst die Aufgabe des regionalen Vertriebsbüros, sicherzustellen, dass die richtigen Produkte / Dienstleistungen mit wettbewerbsorientierter Preisstellung rechtzeitig geliefert und im Markt positioniert werden können (Produkt-, Preis-, Produktionsplanung, Teilelogistik). Nach innen in die Zentrale gerichtet übernimmt das Vertriebsbüro daher die Aufgabe des Anwalts der kleineren Märkte und stellt sicher, dass

- notwendige Produktadaptionen/-anforderungen aufgrund spezieller Gegebenheiten im Markt umgesetzt werden und
- länderspezifische Besonderheiten bei zentralen Projekten ausreichend Berücksichtigung finden.

Weiterhin spielen Qualifizierungsmaßnahmen (Handelsentwicklung und -schulung, Service) sowie Motivationsmaßnahmen (z. B. monetär über Bonuszahlungen, aber auch die Organisation gemeinsamer Veranstaltungen) eine wesentliche Rolle.

Der Importeur wiederum ist primär für Investitionen im Markt (Händlerbetriebe, Servicestationen, Personal) sowie Import und Vermarktung der Produkte / Dienstleistungen einschließlich Steuerung der Handelsorganisation und Erreichung der Absatzziele verantwortlich. Speziell die Importfunktion der Waren ist in dieser Art von Märkten oftmals komplizierter als ursprünglich angenommen, da bei der Einfuhr ins Land zahlreiche Ausnahmeregelungen, Genehmigungspflichten und häufige Änderungen der Zoll- und Einfuhrbestimmungen immer wieder zu Unsicherheiten oder Verzögerungen führen können.

Dies gilt insbesondere auch für einen weiteren Sonderfall, sogenannte »Kleinstmärkte« mit hohen Markrisiken, beispielsweise in einigen Ländern Afrikas. Dort bietet es sich an, einem Importeur die Verantwortung für mehrere, regional gebündelte Märkte zu übertragen. Er kann in diesem Fall über angeschlossene, selbstständige Handelsbetriebe die Marktbearbeitungsfunktion für weitere Länder mitübernehmen (indirekter Export). Man spricht dann vom sogenannten »Hub-Spoke-Konzept«, einem System, das ursprünglich aus der Logistikbranche bekannt ist.

Im Nachfolgenden werden einige Erfahrungen zur Marktbearbeitung mit Importeuren aus der Praxis aufgezeigt.

Die BMW Group beispielsweise wickelt weltweit einen relativ geringen Teil ihres Geschäftsvolumens über unabhängige Importeure im Ausland ab (der deutlich umfangreichere Teil erfolgt über eigene Vertriebsgesellschaften). Über das regionale *Vertriebsbüro »Importeurs-Region Osteuropa und Afrika«* mit Standort Großraum München wird eine Reihe kleinerer Märkte sowie »emerging markets« wie Türkei, Ägypten, Ukraine, Marokko, Serbien, Kasachstan und Israel betreut. In dieser Art von Absatzmärkten sind Flexibilität, Ausdauer und von Zeit zu Zeit auch ernsthaftes Krisenmanagement bei der Steuerung gefragt, da sich die politischen und wirtschaftlichen Rahmenbedingungen sprunghaft und deutlich ändern können. Hochbrisante Konflikte wie die (Ost-)Ukraine-Krise, Unruhen in den Ländern Nordafrikas (Ägypten, Tunesien) sowie Konflikte im Nahen Osten (Syrien, Israel) oder auch in der Türkei können sich unmittelbar auf die Absatzsituation in dem jeweiligen Land auswirken.

Oftmals ist vor Antritt von Dienstreisen von MitarbeiterInnen zu geschäftlichen Besprechungen, zur Durchführung von Schulungen oder zu Auftritten bei lokalen Automobilmessen eine gewissenhafte Prüfung der Sicherheitslage vor Ort notwendig. Der Grundsatz »safety first« hat oberste Priorität. Die Einhaltung von Compliance-Regeln ebenso. Entsprechende Schulungen zu Verhaltensregeln bei Einladungen oder Geschenken der Geschäftspartner sind ein Muss, genauso wie zum Umgang mit vertraulichen Informationen und Daten im digitalen Zeitalter.

Im Geschäftsalltag sorgt die Digitalisierung auch in diesen Märkten für verbesserte Transparenz und Geschwindigkeit bei der Erhebung und Aufbereitung relevanter Informationen für Managemententscheidungen. Demzufolge sind die Planungs-, Steuerungs- und Kontrollprozesse heutzutage zwar deutlich besser standardisiert als noch vor ein paar Jahren, jedoch noch lange nicht auf dem Niveau saturierter Märkte. Belastbare Vorhersagen der wirtschaftlichen Entwicklung oder aktuelle, aussagekräftige Wettbewerbsdaten stehen oftmals nur in ungenügender Qualität zur Verfügung. Das Marktumfeld kann sich, anders als in stabilen Märkten wie z. B. Schweiz oder Kanada, in »Schwellenländern« wie der Türkei oder Ägypten rasant von heute auf morgen komplett verändern. Verlässliche, nachhaltige Planung und Steuerung der wirtschaftlichen Aktivitäten sind bei diesen Marktverhältnissen nur bedingt möglich.

Vom Management des Vertriebsbüros wird daher ein hohes Maß an Agilität und Flexibilität einerseits sowie interkulturelle Erfahrung und eine gewisse Gelassenheit im Umgang mit *Krisensituationen* andererseits erwartet, um auf verschiedenste Marktveränderungen gemeinsam mit den Handelspartnern professionell reagieren zu können. Produzierte Ware, die letzte Woche noch bestellt wurde, kann heute aufgrund ernsthafter Marktverwerfungen nur noch mit hohen Rabatten oder schlimmstenfalls gar nicht mehr verkauft werden. Regelmäßig hat man mit signifikanten Wechselkursveränderungen, kurzfristigen Einfuhrzoll- oder Steueränderungen beziehungsweise schlimmstenfalls Nachfrageeinbrüchen aufgrund von Terrorattacken oder Putschversuchen bis hin zum Auslieferungsstopp zu kämpfen. Man plant daher immer in Szenarien und sollte einen »Plan B« in der Schublade haben. Dies bedeutet konkret, dass man bei existenzbedrohenden Krisen sehr schnell, flexibel und unbürokratisch Entscheidungen gemeinsam mit dem Importeur vor Ort treffen muss, um die Situation zumindest unter wirtschaftlichen Gesichtspunkten unter Kontrolle zu bekommen.

Existenzbedrohende Krisen in den letzten Jahren waren beispielsweise der Militärputsch in Ägypten 2013, die Ukrainekrise mit Annexion der Krim durch Russland 2014 oder auch der Putschversuch in der Türkei 2016. Um den Schaden in diesen Krisensituationen bei äußerst unsicherer Marktlage für das Unternehmen, den Importeur und den Handel möglichst gering zu halten, bietet sich folgende Vorgehensweise zur kurzfristigen Steuerung an:

- Vertrauensbildende, beruhigende Kommunikation des Vertriebsbüros mit dem Importeur / Handel
- Beschleunigter Abverkauf des Lagers bereits gelieferter Ware vor Ort
- Kurzfristige Reduzierung des Warenzuflusses bis hin zum Produktionsstopp über mehrere Wochen
- Erforderlichenfalls finanzielle Unterstützung durch das Ver-

triebsbüro bei dem Lagerabverkauf oder Vereinbarung von Zahlungszielverlängerung bei Ware im Transit

Die mittelfristige (geschweige denn langfristige) Zukunft in diesen Märkten lässt sich also nur schwer planen. Aus diesem Grund ist umso wichtiger, gemeinsam mit den Marktpartnern eine Vision, eine Strategie oder Leitplanken für die zukünftigen wirtschaftlichen Aktivitäten zu entwickeln. Ein Geschäftsplan für die nächsten fünf Jahre ist zumindest in den wichtigsten Märkten ein bedeutsamer Eckpfeiler und Grundlage für die Unternehmens- und Investitionsplanung der Importeure. Gemeinsam mit den Fach- und Führungskräften des Vertriebsbüros wird daher einmal jährlich neben dem Jahresplan ein solch mittelfristiger Plan mit Absatzzielen sowie strategisch notwendigen Maßnahmen, Ressourcenbedarf und erforderlichen Investitionen als Orientierungsgröße vereinbart. Ziel ist es, soweit möglich Planungssicherheit auf beiden Seiten zu haben und den Importeur zu motivieren, die Zukunft im Land in enger Zusammenarbeit mit dem Vertriebsbüro trotz aller Unwägbarkeiten aktiv und wirtschaftlich sinnvoll zu gestalten.

Entsprechend den heterogenen Anforderungen der verschiedenartigen Importeursmärkte stammen die MitarbeiterInnen des aktuellen Teams im regionalen Vertriebsbüro aus über 20 Herkunftsländern mit entsprechend vielfältigen interkulturellen Persönlichkeitsprofilen, Marktkenntnissen und Sprachfähigkeiten (Englisch, Französisch, Arabisch, Russisch, Serbokroatisch, Deutsch u. a.). Als Standort wurde aus mehreren Gründen München und damit die Nähe zur Zentrale gewählt. Entscheidungsrelevant war in erster Linie die kurzfristige Erreichbarkeit der ausschlaggebenden zentralen Fachstellen bei komplizierten und dringenden Themen. Weiterhin spielte bei der Standortwahl die Ausbildungsfunktion von international einsetzbaren Fach- und Führungskräften im Vertriebsbüro am Standort München eine Rolle (z. B. Vorbereitung junger MitarbeiterInnen für mittelfristig geplante Auslandseinsätze in einer Vertriebsgesellschaft) sowie die Funktion als »Heimathafen« für Auslandsrückkehrer. Letztlich waren auch die guten Flugverbindungen von München in die Länder Osteuropas, Zentralasiens und Nordafrikas nicht ganz unwichtig bei der Standortwahl.

Aus dem Blickwinkel der Importeure ist deren Wunsch nicht zu unterschätzen, sich mindestens einmal jährlich in München, der Heimat der BMW Group, zu Business-Meetings mit dem Management des regionalen Vertriebsbüros zu treffen. Diese Art von Besprechungen in der Zentrale sowie regelmäßige Marktbesuche vor Ort sind nach wie vor, trotz der vielfältigen Möglichkeiten moderner, digitaler Kommunikation, wesentlicher Bestandteil der Geschäftsbeziehungen.

Darüber hinaus organisiert das Vertriebsbüro regelmäßig sogenannte Importeurskonferenzen. Zu den Veranstaltungen wird das Management der Importeure eingeladen mit dem Ziel der Vernetzung untereinander sowie der Präsentation und Diskussion relevanter Sachthemen. Inhaltliche Schwerpunkte sind in der Regel kurzfristig anstehende Produkteinführungen, strategisch relevante Themen der Zentrale (u. a. Neuigkeiten der Händlernetzgestaltung oder Qualifizierungsprojekte) oder auch zentrale Marketingkampagnen. Der persönliche Kontakt und das langjährige gegenseitige Vertrauen der handelnden Fach- und Führungskräfte sind in den meisten Kulturkreisen, insbesondere in Asien und Afrika, nach wie vor essenziell für den nachhaltigen wirtschaftlichen Erfolg. Dazu mehr im folgenden Kapitel.

6 VERHANDLUNGEN IN INTERKULTURELLEN ÜBERSCHNEIDUNGSSITUATIONEN

6.1 BEDEUTUNG INTERKULTURELLER KOMMUNIKATION

Kommunikation mit Menschen aus unterschiedlichen Ländern und Kulturkreisen ist aus meiner Sicht einer der interessantesten Aspekte des internationalen Managements. Es macht einfach Freude, sich mit Menschen verschiedenartigster Herkunft in Gesprächen und Verhandlungen auseinanderzusetzen. Wie setze ich meine Ziele in unterschiedlichen Situationen durch, was kann ich daraus für das nächste Mal lernen? Das ist die spannendste Fragestellung, die immer wieder aufs Neue antreibt. Innerhalb weniger Augenblicke gilt es, das theoretisch Gelernte in der Praxis erfolgreich umzusetzen.

Grundsätzlich ist interkulturelle Sensibilisierung in Verhandlungen von hoher Bedeutung. Im Kern geht es darum, sich zunächst der kulturellen Unterschiede bewusst zu sein, sensibel mit dem Gesprächspartner umzugehen und das Thema auch aus dessen Perspektive zu betrachten.

Erfolgreich wird man nur sein, wenn es gelingt, einen gemeinsamen Weg des Dialogs und der Entscheidungsfindung zu definieren. Die gesendeten Botschaften sollten beim Empfänger auch ankommen, ansonsten führt das Gespräch zu Missverständnissen, ggf. sogar zu Unverständnis bis hin zum Scheitern der Verhandlung.

Dies erfordert selbstredend einen bewussten Umgang mit

anderen Kulturen und deren Wertesystem sowie die Beachtung von Ritualen und Kommunikationsregeln (insbesondere auch nonverbalen). Oftmals sind es vordergründig unwichtige Details, die über Erfolg oder Misserfolg einer Verhandlung entscheiden können: unpassende Kleidung oder Sitzordnung, falsche Begrüßung, »kränkender« Ton, forsches oder ungeduldiges Auftreten, falsch verstandener Humor oder auch missverständliche Symbole / Zeichen.

In *Deutschland* setzt man auf eine klare Struktur bei geschäftlichen Gesprächen oder Verhandlungen. Idealerweise auf Basis einer detaillierten Agenda mit Themen, Verantwortlichen und Zeitangaben. Das Meeting findet im Rahmen fachlich fundierter und sachlich knapper Diskussion statt. Problemstellungen werden direkt angesprochen, die Abarbeitung der Fachthemen und die Suche nach effizienten Lösungen stehen eindeutig im Vordergrund. Ein Gesprächsprotokoll, bevorzugt online, beendet das Meeting, bestätigt den aktuellen Entscheidungsstand und dient als Ausgangsbasis nachfolgender Verhandlungen.

In anderen Ländern und Kulturen sind oftmals ganz andere Dinge wichtig. In interkulturellen Überschneidungssituationen sollte daher der Grundsatz gelten: Es gibt keine richtige oder falsche Vorgehensweise. Im Gegenteil – eine unterschiedliche Gesprächsgestaltung kann als Bereicherung und Erweiterung des eigenen Horizonts gesehen werden. Zu beachten ist jedoch auch, dass vom deutschen Gesprächsteilnehmer authentisches Verhalten erwartet wird, das in Grundzügen den deutschen Kulturstandards und in jedem Fall den Grundüberzeugungen und Werten der jeweiligen Unternehmenskultur entspricht.

6.2 BEISPIELE FÜR LANDESPEZIFISCHE UNTERSCHIEDE BEI GESPRÄCHEN UND VERHANDLUNGEN

Anhand der nachfolgenden Gesprächssituationen wird pointiert aufgezeigt, wie ein einfaches Thema, abhängig vom kulturellen Hintergrund, unterschiedlich besprochen werden kann. Die Gespräche finden in vier kulturell unterschiedlichen Ländern statt, deren entsprechende Einordnung den Studien Hofstedes folgt (siehe dazu Kapitel 4.1 mit den Verweisen auf die entsprechende Literatur):

* *Ägypten (arabische Länder)*: hoher Index für Machtdistanz und Unsicherheitsvermeidung, niedriger Index für Individualismus
* *Japan*: hoher Index für Maskulinität, Unsicherheitsvermeidung und Langzeitorientierung, niedriger Index für Individualismus
* *Frankreich*: relativ hoher Index für Machtdistanz, Individualismus und Unsicherheitsvermeidung, niedriger Index für Langzeitorientierung
* *Niederlande*: hoher Index für Individualismus, niedriger Index für Machtdistanz, Maskulinität und Unsicherheitsvermeidung

Folgende Ausgangssituation: Ein Vertreter der Führungsebene des Mutterunternehmens (z. B. Regionalleiter) ist mit seinem Team aus Deutschland zu Besuch vor Ort beim Marktpartner und fordert die Bestätigung der Absatzzielerreichung des laufenden Quartals ein. Eine routinemäßige Gesprächssituation, wie sie häufiger in Vertriebsgesellschaften oder bei Importeuren vorkommt: Die Zentrale fordert Resultate ein – gegebenenfalls auch durch »Druck machen«. Druck erzeugt jedoch oftmals Gegendruck.

Die Besprechung mit dem *ägyptischen Importeur* kann folgendermaßen ablaufen. Ägypten ist ein Land mit einer jahrtausendealten Kultur und die meisten Ägypter sind auch heute noch stolz darauf, den Lauf der Welt entscheidend geprägt zu haben. Dem Thema und der Delegation aus der Zentrale angemessen ist die Anzahl der ägyptischen Teilnehmer an der Besprechung entsprechend groß und hochrangig. Man begrüßt sich mit einem *sanften* Händedruck und mit der *Anrede »Mr. Vorname«.* Kaffee, Tee und Gebäck werden gereicht. Der Direktor des Importeurs wird in aller Regel im Rahmen einer ausgedehnten Einleitung auf die politische und wirtschaftliche Bedeutung Ägyptens hinweisen (oftmals untermalt mit entsprechendem Filmmaterial). Abgeleitet aus der großen Vergangenheit möchte man eine Vorreiterrolle bei wichtigen Zukunftsthemen spielen und unterhält sich zunächst gerne über Szenarien der fernen Zukunft, da die nicht ganz so erfolgreiche Gegenwart nur als ein kleiner Zwischenschritt in eine goldene Zukunft gesehen wird (gerne angesprochene Projekte sind beispielsweise der Städtebau »New Cairo«, Erschließung des Suezkanals mit großen »Hafen-und Tunnelprojekten«, »Strategie der Automobilindustrie mit Exkurs zu elektrifizierten Automobilen«).

Die anstehenden operativen Themen werden meist voller Leidenschaft und mit optimistischer Einschätzung der mittel-/ langfristigen Zukunft vorgetragen. Vom ägyptischen Direktor wird auf die traditionell konstruktiven Beziehungen zu wichtigen staatlichen Institutionen hingewiesen, die bei der Umsetzung strategischer Themen hilfreich sein könnten. Auch einige Absatzzahlen werden anschließend präsentiert, deren Aufbereitungslogik und Aussagekraft jedoch nicht unmittelbar auf die eigentliche Fragestellung zielt. Auf Nachfragen kommt dann folgendes Fazit des Importeurs: Sollte das Ziel im laufenden Quartal trotz aller Hoffnung nicht erreicht werden können, dann bestimmt im nächsten. Alles nur eine Frage der Zeit.

Anerkennende Gesten der vergangenen Errungenschaften sowie die Bestätigung der sich positiv entwickelnden Rahmenbedingungen in Ägypten sind in jedem Fall hilfreich, um auch inhaltlich mit halbwegs konkreten Maßnahmen einen Schritt weiterzukommen. Beim abendlichen Geschäftsessen sitzt man dann hierarchisch geordnet beieinander, um die Lage der Welt sowie daraus abgeleitet die Themen des Tages persönlich nochmals abzustimmen und noch weitere Pläne für die Zukunft zu schmieden. Ein harmonischer Abschluss der Gespräche ist dabei essenziell, üblicherweise mit einem »Inschallah«.

Aufgrund der volatilen politischen und wirtschaftlichen Entwicklung in solchen (Entwicklungs- oder Schwellen-) Ländern können sich die besprochenen Themen in einigen Wochen auch schon wieder ganz anders darstellen, sodass man eigentlich nie genau auf den Punkt kommt, sondern insgeheim immer in Szenarien planen sollte. Macht man beispielsweise aus zentraler Sicht zu viel Druck, bestellt der Marktpartner kurzfristig vielleicht zu viel Ware, die er später nicht oder nur mit hohen Nachlässen absetzen kann. Eine entscheidende Rolle spielen der persönliche Kontakt, der Respekt gegenüber den großen kulturellen Errungenschaften des Landes und das Vertrauen ineinander, dass man einen gemeinsamen Weg in die Zukunft geht – mag sie auch noch so unsicher sein.

Nächstes Beispiel aus Asien: Wer in Verhandlungen mit *Japanern* eingebunden wird, sollte viel Zeit und Geduld mitbringen und vor allem zunächst mal pünktlich sein. Pünktlichkeit ist ein wichtiger Ausdruck von Respekt und Grundvoraussetzung für einen harmonischen Verlauf der Verhandlung. Auch wenn die Zeit drängt und die Erreichung der Quartalsziele schnell geklärt werden muss, sollte man allen Gesprächspartnern ausreichend Redezeit zugestehen, die Argumente geduldig zur Kenntnis nehmen und sich fleißig Notizen machen (kann ebenfalls als Ausdruck des Respekts gewertet werden). Japaner folgen in solchen Diskussionen in der Regel nicht dem deutschen »roten Faden« im Gespräch (Chancen / Risiken, Maßnahmen, Ressourcenbedarf), sondern kommen immer wieder, nach unserem Empfinden sprunghaft, auf weitere Aspekte des Themas zurück und können sich damit vom Kern des Problems ein deutliches Stück entfernen. All das soll helfen, Brücken zu bauen, um dem Verhandlungspartner die Herausforderungen bei Erreichung des Quartalsziels zu erklären. Man spricht vom bekannt »zähen Verlauf« mit japanischen Verhandlungspartnern. Die wichtigste Person im Raum fasst schlussendlich das Meeting nochmals zusammen. Ein klares Ja oder Nein wird man von ihr nur in den seltensten Fällen hören, da eine solch zugespitzte Aussage schlimmstenfalls zum Gesichtsverlust führen kann (Gesichtsverlust im Sinne von Verlust der Selbstachtung und Würde). Wahrscheinlicher ist da schon ein »wakarimashita« (»ich habe verstanden«), »ganbatte kudasai« (»gebt euer Bestes«) oder ein »Ikimashoo« (»auf geht's«). Fallen diese Aussagen am Endes der Verhandlung, kann man zuversichtlich sein, dass das japanische Team gemeinsam, im Konsens aller Beteiligten, hart an der Lösung arbeiten wird.[27] Wichtiger Bestandteil des Besuchs ist schließlich auch hier ein gemeinsames Abendessen, bei dem die bekannten japanischen Grundwerte einer Geschäftsbeziehung wie sozialer Zusammenhalt der Gruppe, Vertrauen und Loyalität gemeinsam bestätigt werden.

---

[27] Vgl. dazu Schneider, S. 45ff.

Drittes Beispiel aus Europa: Meeting mit der Führungsmannschaft der *französischen Vertriebsgesellschaft*. Man kennt und schätzt die Kollegen aus dem Mutterunternehmen in Deutschland. Schließlich sind wir Nachbarn und Europäer. Manchmal könnte man allerdings das Gefühl haben, der Franzose hat von allem etwas mehr als der Deutsche – vor allem Zeit und intellektuelle Intelligenz. Selbstverständlich arbeitet man mit einer strukturierten Meeting-Agenda. Diese dient jedoch eher als Orientierungsrahmen, sowohl was zeitliche Dauer als auch inhaltliche Gestaltung der Besprechung betrifft. Kaum jemand stört sich daran, wenn ein Meeting mit beträchtlicher Verspätung beginnt und anfangs nochmals das gesamte Thema an und für sich infrage gestellt wird.

Geht es im Kern der Besprechung eigentlich nur um die Klärung der trivialen Frage, ob und wie das Absatzziel des Quartals erreicht werden kann, wird zunächst mal die grundsätzliche politische Situation im Land besprochen sowie deren Einfluss auf das Konsumentenverhalten, Wettbewerbsaktionen in aller Breite diskutiert und auf die unverschuldeten internen Ressourcenbeschränkungen durch die Zentrale hingewiesen. Es kann zu schier endlosen Redebeiträgen kommen, die oftmals dazu dienen, die intellektuelle Kompetenz des Redners in den Vordergrund zu stellen. Man kreist quasi um den eigentlichen Kern des Themas, schweift ins Philosophische ab, beleuchtet das große Ganze, um dann irgendwann vom nächsten Gesprächspartner unterbrochen zu werden, der dann wiederum das Thema unter weitergehenden Aspekten zur Debatte stellt.

Nachdem der Zeitrahmen schon deutlich überschritten wurde und eine Entscheidung auch nicht ansatzweise erkennbar ist, übernimmt »Monsieur le President« schlussendlich die Gesprächsführung. Nur er kann und wird in der Regel nach endlosen Debatten und unter Abwägung aller Argumente eine Entscheidung treffen und bestätigen, dass man alles Notwendige zur Zielerreichung unternehmen wird. Dies wird dann auch von allen Beteiligten im Sinne des französischen »Präsidialsystems« akzeptiert und die persönliche Zusage des Chefs stellt letzten Endes die Zielerreichung verlässlich sicher.

Viertes Beispiel, ebenfalls aus Europa: Erfrischend anders verläuft ein solches Meeting aus meiner Erfahrung mit *niederländischen Vertriebspartnern*. Es geht direkt zur Sache, die Risiken kommen auf den Tisch genauso wie die Forderungen nach Unterstützungsmaßnahmen der Zentrale: ehrlich, direkt, keine Hierarchie (sondern echtes Team), kurze Meetings, zunächst wenig kompromissfähig. So verläuft normalerweise ein Meeting mit niederländischen Vertriebspartnern. Man weiß sofort, woran man ist, tut sich allerdings auch schwer, im Meeting alternative Lösungsmöglichkeiten zu vereinbaren, wenn man als Vertreter der Zentrale nicht direkt bereit ist, sich spürbar zu bewegen, z. B. durch die Genehmigung zusätzlicher finanzieller Mittel. Auch in diesem Fall ist in gewisser Weise interkulturelle Kompetenz gefragt, um als Vertreter der Zentrale nicht gleich beleidigt zu sein und sich auf solch eine aus deutscher Sicht harte Verhandlung einzulassen. Mit fundierter fachlicher Diskussion und dem Ansatz »geben und nehmen« bewegt man sich auch in diesem Fall schrittweise in Richtung einer Kompromisslösung und das Monatsziel wird bei etwas gutem Willen im Team, verlässlich und im Konsens erreicht.

Zusammenfassend kann festgehalten werden: Egal in welchem Land der Welt man ein Produkt, ein Zukunftsprojekt oder ein Effizienzziel »verkaufen« will, entscheidend ist zuallererst, die Situation des Verhandlungspartners von Beginn an in die Argumentation wertschätzend einzubeziehen und sich entsprechend auf die interkulturelle Situation vorzubereiten. Wenn er im Laufe der Verhandlung mit Anglizismen wie »we can hear you« oder »we will consider« reagieren sollte, war die Gesprächsführung nicht nachhaltig überzeugend aus Empfängersicht und man wird weitere Anstrengungen unternehmen müssen, um seine Ziele doch noch zu erreichen.

6.3 SPIELREGELN BEI WICHTIGEN MEETINGS – DARGESTELLT AM BEISPIEL DES BUDGET- ODER GESCHÄFTSPLANMEETINGS

Im Nachfolgenden geht es darum, neben der Beachtung der interkulturellen Besonderheiten noch einige pragmatische Regeln bei der Gestaltung wichtiger Meetings zu beachten.

Im Hinblick auf die operative Steuerung von Vertriebsgesellschaften, Vertriebsbüros und Importeuren ist das *Budget- oder Geschäftsplanmeeting* für das Folgejahr ein wichtiges Instrument zur Vereinbarung einer integrierten Ziel- und Maßnahmenplanung. Auf Grundlage der aktuellen Geschäftssituation werden zwischen Zielgeber (Zentrale) und Zielnehmer (Vertriebsgesellschaft/Vertriebsbüro/Importeur) Jahresziele (Absatz, Umsatz etc.) sowie die zur Zielerreichung notwendigen Maßnahmen/Projekte inklusive der dafür benötigten Ressourcen/Budgets vereinbart. In der Regel sind es intensive Gespräche, da die Eckpunkte der geschäftlichen Aktivitäten für das nächste Jahr verbindlich fixiert werden und damit konsequenterweise auch die persönlichen Ziele der Fach- und Führungskräfte in der Vertriebsgesellschaft (oftmals auch inkl. der variablen Vergütungsbestandteile des Managements).

Einige einfache Spielregeln zwischen den Vertretern der Zentrale und der Vertriebsgesellschaft sind zu beachten, um solche Gespräche mit unterschiedlichen Interessenlagen erfolgreich zu gestalten. Nach meiner Erfahrung gelingt dies oftmals aufgrund mangelnder Sensibilisierung für die Situation des Gesprächspartners und der Nichtbeachtung einiger einfacher »Dos and Don'ts« nicht vollständig. Daher nachfolgend eine Auflistung von Verhaltensweisen aus Sicht der Zielgeber sowie Zielnehmer, deren Beachtung die Gesprächsführung bei Zielkonflikten deutlich erleichtern sollte.

Nachfolgende Verhaltensweisen sollte man in der Rolle als *Zielgeber (Vertreter der Zentrale)* vermeiden:

- Unvorbereitet in das Meeting gehen

  Für die Vertreter der Zentrale ist das Meeting in der Vertriebsgesellschaft eines von vielen. Für den Gesprächspartner vor Ort ist es eines der wichtigsten Meetings des Jahres. Es geht um seine Ziele und Ressourcen. Letzten Endes auch um seinen persönlichen Zielerreichungsbonus. Er wird gut vorbereitet sein und seine Standpunkte gut präsentieren können. Eine intensive Vorbereitung des Meetings, idealerweise gemeinsam mit beiden Teams, hilft, Überraschungen zu vermeiden und einige potenzielle Konfliktthemen vielleicht schon vorher zu adressieren bzw. Lösungsmöglichkeiten aufzuzeigen. Bei beidseitig guter Vorbereitung kann man sich rasch auf die entscheidungsrelevanten Fokusthemen konzentrieren und verschwendet nicht unnötig Zeit damit, erst einmal alle Teilnehmer auf den gleichen Kenntnisstand zu bringen. Letztlich wird eine gute Vorbereitung der Teilnehmer der Zentrale auch als Zeichen der Wertschätzung und des Respekts gegenüber den Gesprächspartnern der Vertriebsgesellschaft gesehen.

- Nicht zuhören bzw. Monologe halten
  Zu lange Vorträge oder Hochglanzpräsentationen der Vertreter der Zentrale können das Team vor Ort überfordern oder gar einschüchtern und führen eher zur Verstärkung der Gegenposition (»Besserwisser«; »bei uns ist alles anders«). Zielführender ist in jedem Fall, die Präsentation auf das Wesentliche zu beschränken, mit aktuellen Marktdaten anzureichern, Fragen zuzulassen, dem Marktpartner zuzuhören und auf dessen Argumente gezielt einzugehen.

- Zu starke Betonung der »geliehenen Autorität« der Zentrale
  Äußerungen wie »der Vorstand will …« oder »das zentrale Gremium hat beschlossen …« sorgen eher für Verkrampfung oder gar Angst beim lokalen Team anstelle einer team- und lösungsorientierten Gesprächsatmosphäre. Es ist daher ratsam, nicht zu häufig und offensichtlich mit der »geliehenen Autorität« der Zentrale zu kokettieren. Dem Marktpartner ist ohnehin bewusst, dass die Vertreter der Zentrale regelmäßigen Kontakt zur Konzernleitung haben und mit dem Auftrag gekommen sind, möglichst viele zentrale Vorgaben umzusetzen.

- Zu ausgedehnte Vergleiche mit anderen Märkten
  Aus zentraler Sicht sind Vergleiche von Kennzahlen mit anderen Märkten ein beliebtes Mittel zum Einstieg in die Diskussion und zur Einordnung der Leistungsstärke, da man darüber transparent auf die Schwachstellen oder Potenziale des betroffenen Marktes hinweisen kann (z. B. Wettbewerbsposition Portugal im Vergleich zur Position in Spanien oder Höhe der Marketingkosten Niederlande im Vergleich zu Belgien). Bei zu starker Betonung dieser Art von Quervergleichen zwischen Märkten führen diese in der Regel allerdings

zu einer Verstärkung der Abwehrhaltung des Partners (»kann man nicht vergleichen, bei uns ist das anders ...«). Zielführender ist es, Statistiken innerhalb des Marktes im Vergleich zum Wettbewerb oder historische Zeitreihenanalysen zur Potenzialevaluierung heranzuziehen (z. B. Vorjahresvergleiche oder Lebenszyklusverläufe eines Produktes im Markt).

Auch in der Rolle als *Zielnehmer (Vertreter der Vertriebsgesellschaft, Vertriebsbüro, Importeur)* sollte man folgende Dinge nicht tun:

* Überraschungen oder unbekannte Themen kurzfristig auf die Agenda setzen
  Eines mögen Vertreter der Zentrale ganz sicher nicht: wenn neue, unbekannte Themen unvorbereitet besprochen und entschieden werden sollen. Das Risiko einer nicht mit allen Beteiligten abgestimmten Entscheidung, eventuell sogar einer Fehlentscheidung, ist aus ihrer Sicht zu hoch. Man sollte sich daher, wann immer möglich, schon im Vorfeld des eigentlichen Meetings mit Fachstellen der Zentrale austauschen, um entscheidungsrelevante Punkte zu adressieren und Lösungsmöglichkeiten vorher zu besprechen.

* Zu emotional oder übermotiviert wirken
  Mit Emotionen spielen entsprechend den Landesgepflogenheiten ist in Ordnung, aber in Maßen. Sachthemen sollten dabei aber immer im Vordergrund stehen, ansonsten wirkt das eher wie »großes Theater« und wenig professionell auf die Vertreter der Zentrale. Sehr kritisch wird es, wenn man die Rolle des persönlich Beleidigten spielt (»gib uns unsere Ziele und lass uns dann weiter arbeiten«). Eine gemeinsame

Vereinbarung von Zielen und Maßnahmen ist dann kaum mehr vorstellbar.

* Kompromisslose Abwehrhaltung
  Bei aller Leidenschaft für das Durchsetzen der eigenen Standpunkte in Verhandlungen sollte man nicht vollkommen kompromisslos auf der Durchsetzung des eigenen Standpunkts beharren, sondern letztlich auch mal Kompromissbereitschaft signalisieren. Auch die Vertreter der Zentrale sind an einem Ergebnis interessiert, das in der Vertriebsgesellschaft weitgehend akzeptiert und umgesetzt werden kann. Am besten überlegt man sich vor Beginn des Meetings, welche Spielräume man hat und in welche Richtung man sich bewegen kann. Schließlich ist das kommende Jahr noch lang und sowohl externe als auch interne Rahmenbedingungen können sich in den nächsten Monaten entgegen den aktuellen Planungsprämissen ändern. Alternative Lösungsräume können dabei nicht nur inhaltlicher Natur, sondern auch zeitlicher Ausprägung sein (»wir brauchen noch etwas mehr Zeit zur Umsetzung ...«). Auch die Vertreter der Zentrale müssen ihrem Management schließlich Erfolge der Verhandlung präsentieren und werden naturgemäß bei kompromissloser Abwehrhaltung des Marktpartners am Ende ebenfalls Härte demonstrieren müssen. Eine Situation, die die Beteiligten in Gewinner und Verlierer aufspaltet, sollte also im Sinne des Ringens nach einer gemeinsam getragenen Lösung vermieden werden.

* Keine Wertschätzung gegenüber den Kollegen aus der Zentrale
  Etwas Wertschätzung tut den Kollegen aus der Zentrale auch mal ganz gut – sie stehen meistens ziemlich unter Druck, der

Konzernzentrale gute Ergebnisse zu liefern, und freuen sich, in der knapp bemessenen Zeit vor Ort zumindest mal ein wenig von »Land und Leuten« kennenzulernen. Man sollte sich daher ausreichend Zeit für den Besuch nehmen. Etwas »Socializing«, ein ordentliches Mittag- oder Abendessen reicht oftmals schon aus (unter Beachtung der definierten Compliance-Regeln), um in entspannter Atmosphäre die Besonderheiten des jeweiligen Marktes zu erklären und auf die Anstrengungen der Mannschaft vor Ort hinreichend aufmerksam zu machen. Eigentlich selbstverständlich – wird aber trotzdem als zielführende Maßnahme immer mal wieder unterschätzt.

Eine bedeutende Rolle als Vermittler bei Verhandlungen zwischen Zentrale und Vertriebsgesellschaft/Vertriebsbüro kann der im Ausland eingesetzte Expatriate spielen. Er sollte beide Seiten bzw. deren Argumente kennen und bewerten können. Im Idealfall gelingt es ihm, im Vorfeld oder während des Meetings auftretende unterschiedliche Sichtweisen so zu moderieren, dass eine für alle Beteiligten akzeptable Lösung erarbeitet werden kann. Zielkonflikte können beispielsweise entstehen bei zu hohen Absatz-/Umsatzerwartungen der Zentrale einerseits und zu hohen Ressourcenforderungen der Vertriebsgesellschaft andererseits oder bei Projekten, wenn ein zu ambitionierter Zeitplan der Projektleitung umgesetzt werden soll. Voraussetzungen bei der Übernahme einer Vermittlerrolle sind sowohl eine hohe Fachkenntnis der relevanten Sachthemen, eine ausgeprägte Bereitschaft und Fähigkeit zur einvernehmlichen Lösung von Konflikten und eine gute Vernetzung mit den betroffenen Fachstellen. Die Erwartungshaltung an den Expatriate ist jedenfalls sowohl bei den Vertretern der Zentrale als auch bei den Kollegen der Vertriebsgesellschaft/Vertriebsbüros ausgesprochen hoch und er muss darauf achten, dass er nicht zu stark zwischen die Fronten gerät.

Falls es trotz Beachtung all dieser Punkte zu keiner Einigung kommen sollte, gilt der Grundsatz, dass die Zentrale letzten Endes die Spielregeln vorgibt (Richtlinienfunktion) und die Vertriebsgesellschaft / das Vertriebsbüro grundsätzlich den Auftrag hat, die Konzernziele/-strategie im Markt umzusetzen.

Neben der Möglichkeit, einseitig zu entscheiden (Ansage der Zentrale), ist eine alternative Vorgehensweise erstrebenswert, um vielleicht doch noch den für eine nachhaltige Umsetzung der Zielvorgaben wichtigen »buy-in« aller Beteiligten zu bekommen: Zuallererst gilt es, im Gespräch miteinander zu bleiben und kurzfristige Maßnahmen für die nächsten Wochen zu vereinbaren, damit die geschäftlichen Aktivitäten auch ohne vereinbartes Jahresziel bzw. vereinbarten Jahresplan weiterlaufen können. Beide Teams werden beauftragt, bis zu einem folgenden Meeting in ca. einem Monat in der Zentrale nochmals einen Versuch zu unternehmen, einen gemeinsam getragenen Plan auf Basis vorgegebener Leitplanken bzw. Szenarien zu erarbeiten. Oftmals beruhigen sich die Gemüter in den nächsten Wochen, man kommt auf die Sachebene zurück, zeigt sich beiderseits eher kompromissbereit und findet nach etwas Zeit des Nachdenkens alternative Lösungsräume. In den meisten Kulturkreisen ist es dabei wichtig, dass schlussendlich beide Seiten ihr Gesicht wahren können.

Funktioniert auch dieser Ansatz nicht, was in der Realität schon mal vorkommen kann (übrigens oftmals aus sogenannten persönlichen Gründen), liegt es in finaler Konsequenz an den Vertretern der Zentrale, die Ziele vorzugeben und im Wiederholungsfall entsprechende personalpolitische Maßnahmen einzuleiten. Die Vorstellungen zur Art der Kooperation bzw.

zur Umsetzung der Konzernziele/-strategie im Markt zwischen Marktpartner und Zentrale liegen in diesem Fall offensichtlich zu weit auseinander, um eine nachhaltig sinnvolle Zusammenarbeit im Markt zu gewährleisten.

7 AUSBLICK – ZUKÜNFTIGE CHANCEN FÜR FACH- UND FÜHRUNGSKRÄFTE IM INTERNATIONALEN UNTERNEHMEN (MIT SCHWERPUNKT VERTRIEB / MARKETING)

7.1 WACHSENDE BEDEUTUNG DER INTERNATIONALISIERUNG

Zweifelsohne leben wir in Zeiten der Unsicherheit und des Wandels. Die politische Großwetterlage ist aktuell gekennzeichnet durch eine erhebliche Anzahl gefährlicher Krisen und Konflikte (Syrien, Mittlerer Osten, Ostukraine), das politische Großmachtstreben Chinas und Russlands sowie die aktuelle »America first«-Politik der USA. Die zukünftige Rolle Europas in der Weltpolitik wird nach wie vor kontrovers diskutiert (Auswirkung des Brexits; populistische Strömungen in einigen EU-Ländern). Dem Streben der Welthandelsorganisation (WTO) nach Abbau von Handelshemmnissen und Liberalisierung des internationalen Handels (bis hin zum internationalen Freihandel) steht die Strategie einiger Länder und Wirtschafträume gegenüber, ausschließlich die eigenen Ziele oder wirtschaftlichen Interessen zu verfolgen. Man konzentriert sich auf die Förderung der eigenen Industrie bis hin zum Protektionismus über die Aufrechterhaltung oder Einführung neuer Handelsbarrieren (z. B. aktuelle protektionistische Bestrebungen der Trump-Administration in den USA).

Darüber hinaus sind viele Absatzmärkte, getrieben von technologischem Fortschritt und einer zunehmend digitalen Wissens- und Dienstleistungsgesellschaft, rasanten und disruptiven Änderungen ausgesetzt. Das Verhalten potenzieller Kunden wird immer unvorhersehbarer und ist sprunghaften Änderungen unterworfen – ganze Industrien bzw. Unternehmen werden innerhalb weniger Jahre nahezu bedeutungslos (z. B. Fotoindustrie / Kodak), neue Spieler entwickeln sich in kürzester Zeit zu riesigen multinationalen Konzernen (z. B. Google, Amazon).

Mehr denn je kommt es auf die Verantwortlichen an, mit den aktuellen Herausforderungen aktiv umzugehen und ihr Unternehmen in eine sichere und wirtschaftlich positive Zukunft zu führen.

Laut aktueller Prognose des Instituts für Weltwirtschaft (IfW, Kiel) zur Weltkonjunktur ist weiterhin mit einem kräftigen Aufschwung der Weltwirtschaft zu rechnen, insbesondere in China, Indien, Brasilien, Türkei und ostasiatischen Schwellenländern (weltweit prognostizierter Produktionsanstieg +3,6 % für 2019).[28] Demzufolge werden sich aller Voraussicht nach Möglichkeiten für Auslandseinsätze für Fach- und Führungskräfte in den genannten Märkten und Schwellenländern in den nächsten Jahren ergeben.

Unternehmsintern werden die Anzahl an entscheidungsrelevanten Informationen sowie damit einhergehend die Komplexität von Entscheidungsprozessen weiter ansteigen. Gleichzeitig sind Geschwindigkeit und Agilität im digitalen Zeitalter mehr denn je entscheidende Elemente wirtschaftlichen Handelns

---

[28] Vgl. Gern / Hauber / Kooths / Stolzenburg, S. 7ff.
    http://www.ifw-Kiel.de/pub/Kieler-Konjunkturberichte/2017/
    KKB_37_2017-Q4_Welt_DE.pdf, abgerufen: 30.03.2018.

zukünftiger Fach- und Führungskräfte, um auf dem globalen Markt nachhaltig profitabel bestehen zu können.

Konsequenterweise ist mit einem wachsenden Bedarf an international einsetzbaren Fach- und Führungskräften zu rechnen. Der Anspruch an das Ausbildungsniveau im internationalen Management wird nochmals steigen. Die sich rasant entwickelnde Digitalisierung und die wachsende Bedeutung von sozialen Medien werden dafür sorgen, dass zukünftige Generationen von Managern nochmals deutlich globaler agieren werden, als dies noch vor einigen Jahren der Fall war. Man wird sich bald noch flexibler und projektorientierter in internationalen Teams vernetzen, um das weltweit vorhandene Wissen zu bündeln und in zukunftsweisende Strategien und Konzepte umzusetzen. Eine Ziele- und Maßnahmenplanung in Szenarien auf Basis stets aktueller Chancen- und Risikenanalysen ist Voraussetzung, um vorausschauend und flexibel auf neue Entwicklungen reagieren zu können.

Entscheidend wird dabei auch die Entwicklung der sozialen und interkulturellen Kompetenz zukünftiger Managementgenerationen sein, um im weltweiten Wettbewerb markt- und kundenfokussiert agieren zu können.

Die Unternehmensführung – der Mensch als die treibende Kraft von Veränderungen – wird neben Marke und Produkt bzw. Dienstleistung mehr denn je zu einem entscheidenden Erfolgskriterium. Nachhaltig erfolgreich wird jenes Unternehmen sein, das sich schneller als andere auf die genannten Veränderungen einstellen kann.

Das *umfangreiche Angebot von Studiengängen* »Internationales Management« an den Universitäten, Hochschulen und Akademien ist ein Indikator für dessen wachsende Bedeutung in der Zukunft. Auch die Webseiten der DAX-Konzerne tragen dieser Entwicklung Rechnung und widmen sich ausführlich internationalen Karrierechancen im Sinne von »Global Assignments« für Fach- und Führungskräfte. Siemens bietet beispielsweise für Absolventen auf seiner Webseite neun differenzierte, *weltweite Einstiegsprogramme* an:[29]

- CEO-Programm (für sechs internationale Topkandidaten p. a.)
- Direkteinstieg auf international offene Positionen
- Siemens Management Consulting (mit Schwerpunkt Strategie)
- The Finance Excellence Program (für zukünftige CFOs)
- The Siemens Graduate Program (Traineeprogramm mit drei Stationen im In- und Ausland als Startpunkt für die internationale Karriere)
- Trainee@IT (zum Einstieg in den Bereich Informationstechnologie)
- Trainee Sales and Services
- Rechtsreferendariat
- Doktoranden

Eine wachsende Mobilität der Mitarbeiter kann jedoch zukünftig auch zu einer weiteren Reduzierung der dauerhaften Loyalität gegenüber dem aktuellen Arbeitgeber führen. Gut ausgebildete Fach- und Führungskräfte geraten zwangsläufig in das Blickfeld von Konkurrenzunternehmen oder neuen Spielern in der Industrie. Beispiel: Mitarbeiter der deutschen Automobilindustrie werden interessant für Anbieter von Mobilitätsdienstleistungen oder neu gegründete chinesische Auto-

---

[29] Vgl. https://www.bmw.group.com/de/karriere; https://www.daimler.com/karriere; https://www.siemens.com/global/de/home/unternehmen/jobs/karrieren-entdecken; jeweils abgerufen am 11.02.2018.

mobilunternehmen. Mitarbeiter der digitalen Industrie werden umworben von Unternehmen der Automobilindustrie im Hinblick auf die Entwicklung neuer Technologien. Vereinzelt wird schon von einem »war for talents« gesprochen. Um gut qualifizierte Mitarbeiter im Unternehmen zu halten bzw. Mitarbeiter mit Kenntnissen in Zukunftstechnologien für sich gewinnen zu können, wird die Bedeutung von *globalem Personalmanagement* weiter zunehmen.

Weiterer entscheidender Faktor im Wettbewerb konkurrierender Unternehmen um die besten Fach- und Führungskräfte wird daher sein, international einsetzbare Talente emotional und dauerhaft an das Unternehmen zu binden bzw. für das Unternehmen zu gewinnen. Eine von allen Mitarbeitern getragene und gelebte *Unternehmenskultur* gehört folglich zukünftig als essenzieller Bestandteil zur Unternehmensstrategie. Sie bietet den Mitarbeitern in unruhigen Zeiten Orientierung, Identifikation, Sicherheit und Freiräume zum selbstständigen Agieren und Entscheiden. Manche Unternehmen gehen sogar noch einen Schritt weiter in Richtung intensivere emotionale, persönliche Bindung und positionieren sich als Unternehmensfamilie, wie z. B. »The Toyota European Family« oder auch »Googlers« (als Bezeichnung für MitarbeiterInnen von Google).[30]

Die Zukunft betriebswirtschaftlichen Handelns wird getrieben durch weiter fortschreitende Automatisierungs- und Digitalisierungsprozesse. Die Kernfrage lautet: Wie können Mensch und Maschine künftig zusammenarbeiten? So wird

---

[30] Vgl. https://www.toyota-europe.com/jobs; abgerufen am 11.02.2018; vgl. https://careers.google.com/field-of-work/people/; vgl. hierzu auch eine kritische Würdigung zu »Die Firma als Familie« in der Frankfurter Rundschau, Schütz (2017): http://www.fr.de/wirtschaft/unternehmens-kultur-die-firma-als-familie-a-742471; abgerufen am 28.02.2018.

sich der Trend zur *Datenaufbereitung über digitale Medien* verstärken – mit dem Risiko einer unüberschaubaren Datenflut. Computer oder künstliche Intelligenzen werden einen Großteil sich wiederholender Routinetätigkeiten von Menschen übernehmen und zwar schneller, effizienter und unabhängig von Bürozeiten. Für Fach- und Führungskräfte der Zukunft wird es daher mehr denn je im Sinne schneller, effizienter, transparenter und nachhaltiger Entscheidungsprozesse von entscheidender Bedeutung sein, die relevanten Informationen herauszufiltern und für Managemententscheidungen bereitzustellen. Es wird mehr denn je darauf ankommen, insbesondere im internationalen Umfeld das vorhandene Faktenwissen kundenorientiert einsetzen zu können (mehr dazu im folgenden Kapitel 7.2).

Auch Details des Büroalltags werden sich verändern: So wird neben allgemeinen Trends zu papierlosem Büro und »Home Office« auch die *Reisetätigkeit* der MitarbeiterInnen in internationalen Unternehmen vermutlich abnehmen, da sich auch hier die verstärkte Nutzung von digitalen Hilfsmitteln anbieten wird. Schon heute sind mehrtägige Dienstreisen beispielsweise in Vertriebsgesellschaften für Mitarbeiter der Zentrale oftmals nicht mehr notwendig. Die meisten (Routine-)Themen lassen sich über Videokonferenz, Skype, soziale Netzwerke o. Ä. besprechen. Insbesondere unter Kosten- und Zeitgesichtspunkten ist diese Entwicklung positiv zu bewerten. Das Arbeiten in sogenannten virtuellen Teams und die zunehmende Nutzung oben genannter Medien können jedoch zu neuen Herausforderungen in der Kommunikation führen: aufgrund Zeitdruck, schlechter Verbindungen, irreführende schriftliche Formulierungen können Missverständnisse oder oberflächliche Behandlung schwieriger, komplexer Sachverhalte zunehmen.

Die Bedeutung des persönlichen Gesprächs vor Ort ist daher nach wie vor nicht zu unterschätzen und natürlich immer noch ein probates Mittel, um zumindest Entscheidungen zu komplexen Themenbereichen im persönlichen Kontakt einvernehmlich, unmissverständlich und auch nachhaltig vereinbaren zu können.

7.2 ZUKÜNFTIGE RELEVANZ DES ABSATZMARKTES CHINA

Wachstumspotenziale für internationale Unternehmen liegen in den nächsten Jahren nach allgemeiner Einschätzung trotz aller Unsicherheiten der politischen Rahmenbedingungen nach wie vor in China. Jeder kennt die pulsierenden Metropolregionen Peking und Schanghai. Weitere 85 Großstädte mit mehr als einer Million Einwohner kann man in Statistiken finden und damit mehr als viermal so viele wie in der gesamten EU – Tendenz steigend.[31] Auch wenn die Zeiten außerordentlich hoher Wachstumsraten offenbar auch dort zunächst mal vorbei sind, geht das IfW nach wie vor von einer gesunden Steigerung des BIP von mehr als 6 % p. a. 2018 / 19 aus.[32]

Weltweit hat China seine Außeninvestitionen und Entwicklungshilfen innerhalb eines Jahrzehnts vervierfacht mit dem Ziel, weltweit neue Märkte, insbesondere in Zukunftsbranchen, zu erschließen und das verlangsamte Wachstum inner-

---

[31] Laut letztem Zensus 2010 ist die Anzahl der Millionenstädte von 64 (im Jahr 2000) auf 87 (im Jahr 2010) angestiegen. Die Einwohnerzahl von Schanghai hat sich in den letzten 20 Jahren von 7 Mio. 1990 auf 20 Mio. 2010 verdreifacht. Gleiche Entwicklung in Peking: von 5,5 auf 16,7 Mio. Einwohner; vgl. dazu: https://www.citypopulation.de/China-UA_d.html, abgerufen am 17.03.2018.

[32] Vgl. Kieler Konjunkturberichte, Nr. 37 (2017 / Q4) 26.

halb Chinas auszugleichen (beispielsweise durch die Übernahme des deutschen Roboterhersteller Kuka und den Einstieg von Geely als Großaktionär bei Daimler). China hat seine Direktinvestitionen in der EU ausgebaut auf rund 35 Milliarden Euro 2016 (+77 % im Vergleich zum Vorjahr), vor allem in Deutschland und der UK.[33]

Den Marktzugang für ausländische Investoren möchte die chinesische Regierung erweitern und plant, auch die Unternehmensbedingungen im Land weiter zu verbessern. Konkret wird darüber nachgedacht, ein verbessertes Arbeitserlaubnissystem für in China beschäftigte Ausländer einzuführen, um ausländische Talente zu gewinnen (gelockerte Visapolitik für qualifizierte Expatriates).[34]

Vieles deutet also aktuell darauf hin, dass China sich wirtschaftlich weiter öffnet und sich vermehrt auf nachhaltige und innovative Technologien sowie auf inländischen Konsum konzentrieren wird.

Daraus sollten sich in den nächsten Jahren wiederum Chancen für internationale Unternehmen und deren Fach- und Führungskräfte ergeben. So ist China beispielsweise schon heute mit deutlichem Abstand vor der USA und der EU der größte Automobilmarkt der Welt.[35] Aufgrund der Größe des Marktes sowie der Komplexität der Rahmenbedingungen ist

---

[33] Vgl. Etzold (2017) in der Zeitschrift Wirtschaftswoche: https://www. wiwo.de/politik/ausland/direktinvetsitionen-aus-fernost-wie-sich-china-in-europas-zukunftsbranchen-einkauft/20033064.html; abgerufen am 18.03.2018.

[34] Vgl. http://german.china.org.cn/txt/2017-07/30/content_41313990. html, abgerufen am 17.03.2018.

[35] Vgl. dazu Mauerer (2018) in der Zeitschrift Automobilwoche: https:// www.automobilwoche.de/article/20180117/Nachrichten/301179988/ absatz-in-wichtigen-maerkten-der-welt-china-und-europa-legen-zu-us-markt-schrumpft; abgerufen am 18.03.2018.

mit dem Aufbau weiterer Produktionsstätten, Forschungs- und Designzentren sowie Vertriebsgesellschaften internationaler Unternehmen zu rechnen. Zwei ganz aktuelle Beispiele dazu aus der Automobilindustrie: BMW plant gemeinsam mit dem Joint-Venture-Partner Great Wall den Aufbau einer Produktion der Elektroversion des MINI in China, VW Nutzfahrzeuge strebt ein Joint Venture mit dem chinesischen Hersteller JAC für die gemeinsame Entwicklung und den Vertrieb von Nutzfahrzeugen an (voraussichtlich T-Modellreihe »Bulli«, Lizenzfertigung über JAC).[36]

7.3 STÄRKERE INTEGRATION VON DIGITALISIERUNG UND KUNDENORIENTIERUNG IN DIE VERTRIEBS- UND MARKETINGORGANISATION

Die Frage, inwiefern sich internationale Unternehmen zukünftig noch stärker an den Kundenbedürfnissen orientieren können, insbesondere bezüglich der Funktionen Marketing und Vertrieb, wird aktuell in Praxis und Literatur gleichermaßen intensiv diskutiert.[37]

Potenzielle Kunden haben schon heute deutlich mehr Infor-

---

[36] Vgl. Fasse (2018) im Handelsblatt: http://www.handelsblatt.com/unternehmen/industrie/joint-venture-mit-great-wall-bmw-will-den-elektromini-in-china-bauen/20996542.html; abgerufen am 18.03.2018; und ohne Verfasser im Handelsblatt: http://www.handelsblatt.com/unternehmen/unternehmen/industrie/vw-nutzfahrzeuge-volkswagen-will-bullis-in-china-bauen/21003292.html; abgerufen am 18.03.2018.

[37] Vgl. hierzu beispielsweise eine Studie von Ernst&Young »Competition, coexistence or symbiosis?«: http://www.ey.com/publication/vwLUAssetsPI/EY_CMSO_-_The_DNA_of_the_sales_and_marketing_leader/SFILE/EY-The-DNA-of-the-CMSO-2014.pdf; abgerufen am 12.03.2018.

mationen über Unternehmen, Produkte und Preise zur Verfügung als noch vor einigen Jahren im »analogen Zeitalter«. Sie sind zunehmend vernetzter und tauschen sich permanent über aktuelle Entwicklungen in sozialen Netzwerken aus (Bewertungen, Beschwerden etc.). Insbesondere jüngere Zielgruppen sind heutzutage ausschließlich im Netz unterwegs, um sich beispielsweise über neueste Trends zu informieren und mit Gleichgesinnten ihrer digitalen Gemeinschaft (»digital community«) darüber zu diskutieren. Schnelles und kompetentes Feedback des Unternehmens bzw. des Handels in Echtzeit ist ein Muss, um an dieser modernen Form der interaktiven Kommunikation teilzunehmen und letztendlich im internationalen Wettbewerb bestehen zu können. Dies gilt umso mehr für Unternehmen der Luxusgüterindustrie, wie beispielsweise in den Branchen Schmuck, Uhren, Accessoires/Taschen oder auch Automobil. Erfolgreich werden jene Unternehmen sein, welche die wachsende Nachfrage in diesem Marktsegment insbesondere in China, dem Mittleren Osten oder auch Russland durch gezielte Kundenansprache und weltweite digitale und physische Präsenz bedienen können.

Oftmals werden die vielfältigen Kundenkontakte und -daten jedoch auch heute noch im Unternehmen über unterschiedliche Kundenschnittstellen in unterschiedlichen Unternehmensbereichen in Marketing und Vertrieb in der Zentrale, in Vertriebsgesellschaften, bei Händlern usw. gesammelt, aufbereitet und analysiert. Ein einziger Kunde kann also über verschiedene Kommunikationskanäle mit dem Unternehmen in Kontakt sein, schlimmstenfalls ohne dass der eine Ansprechpartner vom anderen etwas weiß.

Um die Bedürfnisse potenzieller Kunden sowie deren Verhalten zu verstehen, mittelfristige Entwicklungen zu prognostizieren und gegebenenfalls sogar gezielt pro-aktiv zu steuern, ist zukünftig ein wesentlich engeres Zusammenwachsen aller relevanten Fachfunktionen insbesondere in Vertrieb und Marketing notwendig. Im Kern geht es dabei um eine engere Vernetzung von Kundenfeedbacks und Marktforschung, neue Kommunikationskanäle (Social-Media-Marketing, Influencer-Marketing) sowie in letzter Konsequenz zukunftsfähige Konzepte und IT-Systeme im Vertrieb. Insbesondere die fortschreitende Entwicklung von digitalen Kommunikationskanälen bietet neue Möglichkeiten zur umfassenden und gezielten Ansprache sowie zum Dialog mit Kunden.

Die kundenorientierte Organisation der Zukunft hat zum Ziel, alle Aktivitäten auf den Kunden auszurichten: »*Customer-Centric Organization*«. Viele reden schon seit einiger Zeit darüber, Handlungsbedarf zur konkreten Umsetzung besteht jedoch nach wie vor, um altes Silo-Denken in den Unternehmen endgültig zu überwinden. Neben modernen Instrumenten zur Steuerung werden vor allem Verhaltensänderungen aller Fach- und Führungskräfte, also der Menschen, notwendig sein, was die Überarbeitung der Grundwerte der Zusammenarbeit als auch die Anpassung von Steuerungs- und Zielsystemen zur Unternehmensführung bedeutet. Die notwendige Befähigung der Organisation, die Unterstützung dieses Kulturwandels in der aktuellen Phase der sogenannten »*digitalen Transformation*«, erfolgt daher über unternehmensweite Führungs- und Mitarbeiterqualifizierungsprogramme im Rahmen eines nachhaltigen Change-Management-Prozesses.

Letztlich werden die digital vernetzten und agierenden Kunden der Zukunft entscheiden, wer ihre individuellen Bedürfnisse über das Produkt- und Dienstleistungsangebot am hart umkämpften Markt am besten punktgenau und zeitnah erfüllen kann. Es ist offensichtlich, dass sich daraus für zukünftige Managementgenerationen ganz neue Schwerpunktaufgaben in Vertrieb und Marketing ergeben. Grundlagen jeglichen wirtschaftlichen Handelns werden mehr denn je eine weltweit gültige Unternehmensstrategie (ausgerichtet am prognostizierten zukünftigen Kundenverhalten im digitalen Zeitalter), eine weltweit gelebte Unternehmenskultur sowie ein weltweit einheitlicher Markenauftritt sein mit dem Ziel, sich grundlegend von den internationalen Wettbewerbern zu differenzieren.

Ein deutlicher Ausbau und eine funktionsübergreifende Integration des *Kundenbeziehungsmanagements* (Customer-Relationship-Management-System inklusive IT-System) werden unabdingbare Voraussetzung sein, um Kundenbedürfnisse und Veränderungen im Kundenverhalten zeitnah zu erkennen und frühzeitig in den *Produktentstehungsprozess* einfließen zu lassen. Darauf aufbauend wird eine gezielte, maßgeschneiderte Ansprache (potenzieller) Kunden rund um die Welt über *zeitgemäße Ansätze der Marketingkommunikation* (z. B. Social Media Marketing oder verstärkter Einsatz von »Influencer Marketing« und Markenbotschaftern) bis hin zum Ausbau des *Online-Vertriebs in Verknüpfung mit traditionellen Vertriebskanälen* und des *kundenorientierten Service* (nicht umsonst sprach man früher schon mal vom Kunden-Dienst) maßgeblich für den nachhaltig profitablen Erfolg internationaler Unternehmen sein.

8 DREI HANDLUNGSEMPFEHLUNGEN ZUM SCHLUSS

Zum Abschluss Ihrer »Tagesreise« in das internationale Management möchte ich Ihnen noch drei persönliche Empfehlungen mitgeben, die Ihnen helfen werden, als zukünftige Fach- und Führungskraft im harten und komplexen internationalen Wettbewerb erfolgreich agieren zu können:

1. Bleiben Sie bezüglich *Fachkompetenz und Produktwissen* immer auf dem aktuellen Stand – dann stehen Sie auf festem Boden und haben eine solide Absprungbasis ins internationale Management.

2. Behandeln Sie Ihre Geschäftspartner, Kollegen und Mitarbeiter immer mit *Respekt und Wertschätzung* – erst recht im internationalen Einsatz und im Umfeld mit kultureller Diversität. Leben Sie Ihre Grundwerte *aktiv und authentisch als Vorbild* vor. Schaffen Sie *Freiräume im interkulturellen Team durch eine motivierende Vertrauenskultur.*

3. Nehmen Sie die Konsequenzen des Wandels aktiv an, *hören Sie auf Ihre Kunden und Mitarbeiter* und partizipieren Sie *mutig an der Gestaltung* der Zukunft Ihrer Abteilung, Ihres Bereichs und Ihres Unternehmens.

Das letzte Wort gehört nun Ihnen. Ihr Fazit, Ihre Ambition zum Einstieg ins internationale Management:

_____ .

LITERATURVERZEICHNIS

BÜCHER

Bruhn, Manfred (2014): Integrierte Unternehmens- und Markenkommunikation. Strategische Planung und operative Umsetzung. 6. Auflage. Schäffer-Poeschel, Stuttgart, 2014.

Hofstede, Geert / Hofstede, Gert Jan (2011): Lokales Denken, globales Handeln. Interkulturelle Zusammenarbeit und globales Management. 5. Auflage. Beck, München, 2011.

Kutschker, Michael / Schmid, Stefan (2011): Internationales Management. 7. Auflage. Oldenbourg, München, 2011.

Perlitz, Manfred (2004): Internationales Management, 5., bearbeitete Auflage, Lucius & Lucius, Stuttgart, 2004.

Schneider, Gerd (2013): Geschäftskultur Japan, Conbook, Meerbusch, 2013.

INTERNETQUELLEN

Adidas AG, Website (2018), URL: http://www.adidas-group.com/de/unternehmen/profil, Stand 01.02.2018.

BMW AG, Website (2018), URL: https://www.bmwgroup.com/de/karriere, Stand: 11.02.2018, sowie zum Geschäftsbericht 2017, URL: https://www.bmwgroup.com/de/investor-relations/finanzberichte.html, Stand: 30.3.2018.

Citypopulation, Website (2018), URL: https://www.citypopulation.de/China-UA_d.html, Stand: 17.03.2018.

Daimler AG, Website (2018), URL: https://www.daimler.com/karriere, Stand: 11.02.2018.

Ernest & Young, Website (2018): Competition, coexistence or symbiosis? The DNA of C-Suite sales and marketing leaders, URL:

http://www.ey.com/publication/vwLUAssetsPI/EY_CMSO_-_
The_DNA_of_the_sales_and_marketing_leader/SFILE/EY-The-
DNA-of-the-CMSO-2014.pdf; Stand 12.03.2018.

Etzold, Marc (2017): Direktinvestitionen aus Fernost – Wie sich
China in Europas Zukunftsbranchen einkauft, URL: https://
www.wiwo.de/politik/ausland/direktinvetsitionen-aus-fern-
ost-wie-sich-china-in-europas-zukunftsbranchen-ein-
kauft/20033064.html; Stand: 18.03.2018.

Fasse, Markus (2018): Joint Venture mit Great Wall – BMW will
den Elektro-Mini in China bauen, URL: http://www.handelsblatt.
com/unternehmen/industrie/joint-venture-mit-great-wall-bmw-
will-den-elektro-mini-in-china-bauen/20996542.html; Stand:
18.03.2018.

German.China.Org., Website (2017), ohne Verfasser: China will
mehr ausländische Direktinvestitionen gewinnen, URL: http://ger-
man.china.org.cn/txt/2017-07/30/content_41313990.html, Stand:
17.03.2018.

Gern, Klaus-Jürgen / Hauber, Phillip / Kooths, Stefan / Stolzenburg,
Ulrich (2017): Weltwirtschaft weiter im Aufschwung, in: Kieler
Konjunkturberichte Nr. 37, (2017 / Q4), IFW Kiel, Institut für
Weltwirtschaft, URL: http://www.ifw-Kiel.de/pub/Kieler-Kon-
junkturberichte/2017/KKB_37_2017-Q4_Welt_DE.pdf, Stand:
30.03.2018.

Google, Website (2018), URL: https://careers.google.com/field-of-
work/people/; Stand: 28.02.2018.

Mauerer, Gerd (2018): Absatz in wichtigen Märkten der Welt
2017: China und Europa legen zu, US-Markt schrumpft, URL:
https://www.automobilwoche.de/article/20180117/Nachrich-
ten/301179988/absatz-in-wichtigen-maerkten-der-welt-china-und-
europa-legen-zu-us-markt-schrumpft; Stand: 18.03.2018.

Microsoft Corp., Website (2018), URL: https://www.news.micro-
soft.com/de-de/fast-facts, Stand: 11.03.2018.

Miele & Cie. KG, Website (2018), URL: http://www.miele.co, Stand: 30.01.2018.

Ohne Verfasser (2018): VW Nutzfahrzeuge – Volkswagen will Bullis in China bauen, URL: http://www.handelsblatt.com/unternehmen/unternehmen/industrie/vw-nutzfahrzeuge-volkswagen-will-bullis-in-china-bauen/21003292.html, Stand: 18.03.2018.

Robert Bosch GmbH, Website (2018), URL:https://www.assets.bosch.com/media/global/bosch_group/our_figures/pdf/bosch-heute-2017.pdf, Stand 30.03.2018.

Schütz, Marcel (2017): Die Firma als Familie, URL: http://www.fr.de/wirtschaft/unternehmenskultur-die-firma-als-familie-a-742471; Stand: 28.02.2018.

Siemens AG, Website (2018), URL: https://www.siemens.com/global/de/home/unternehmen/jobs/karrieren-entdecken, Stand: 11.02.2018.

Toyota Europe, Website (2018), URL: http://www.toyota-europe.com, Stand 30.1.2018, sowie URL: http://www.toyota-europe.com/jobs, Stand: 11.02.2018.

Wenzel, Jörg (2012): Think local, act global – Wie interkulturelles Marketing funktioniert, URL: https://marketingblatt.com/de/content-marketing/think-local-act-global-wie-interkulturelles-marketing-funktioniert, Stand: 05.03.2018